健康活力唤醒系列

八段锦
五禽戏
太极拳
太极扇

《健康活力唤醒》编写组　编

化学工业出版社
·北京·

内 容 提 要

《八段锦 五禽戏 太极拳 太极扇》通过详细点拨传统健身功法的要点，使读者通过练习，达到活络气血、疏通经脉、增强体质、祛病强身、养生抗衰老的目的。

《八段锦 五禽戏 太极拳 太极扇》将4套保健国术全部收录，细化到每一个动作，一招一式都图解分析技术要领。为了便于刚接触八段锦、五禽戏、太极拳、太极扇的初学者自学，书中运用大量的图片对手型、眼神、步法、动作衔接等细节进行了指点，针对初学者在练习中易犯的错误，特别给予提醒和指导，使读者在自学自练过程中也能把动作做到位。

《八段锦 五禽戏 太极拳 太极扇》每套健身功法都配有完整练习和分解动作讲解视频，扫码即可观看。读者可以按照书中给出的指导方法，配合小视频的辅助进行模仿练习，即便是初学者在自学时遇到困难也可以得到更加形象和具体的指导。

《八段锦 五禽戏 太极拳 太极扇》中介绍的每套健身功法，都以科学练习、规范学习和简便练习为出发点，通过言简意赅的文字、大量翔实的图片、便捷观看的视频，帮助热爱传统武术、崇尚运动养生的读者轻松实现健身梦想。

图书在版编目（CIP）数据

八段锦 五禽戏 太极拳 太极扇/《健康活力唤醒》编写组编. — 北京：化学工业出版社，2020.7 （2023.7 重印）

（健康活力唤醒系列）

ISBN 978-7-122-36791-4

Ⅰ. ①八… Ⅱ. ①健… Ⅲ. ①八段锦 – 基本知识②五禽戏（古代体育）– 基本知识③太极拳 – 基本知识④器械术（武术）– 基本知识 Ⅳ. ①G852

中国版本图书馆 CIP 数据核字（2020）第 080111 号

责任编辑：宋 薇　　　　　　　　　　　装帧设计：水长流文化
责任校对：王素芹

出版发行：化学工业出版社（北京市东城区青年湖南街 13 号　邮政编码 100011）
印　　装：北京缤索印刷有限公司
880mm×1230mm　1/24　印张 9½　字数 236 千字　2023 年 7 月北京第 1 版第 5 次印刷

购书咨询：010-64518888　　　　　　　　售后服务：010-64518899
网　　址：http://www.cip.com.cn
凡购买本书，如有缺损质量问题，本社销售中心负责调换。

定　价：49.80 元

目 录

八段锦篇

五禽戏篇

简化太极拳篇

简化太极扇篇

特 别 说 明

　　书中动作解释中展示的图片拍摄于动作过程中的一个时刻，并不能完全表达动作的全面性，所以特配有演示视频，供读者详细参考。

八段锦篇

八段锦的由来

八段锦是国家体育总局组织专家编创的，该功法遵循气功锻炼的固有规律，以中西医及相关现代科学理论为基础，具有明显的健身养生效果。

八段锦的健身功效

八段锦，其健身的原理，主要是通过疏通经络、调和气血、调理脏腑来达到健身、治病的目的。注重全身锻炼，并强调松紧结合、动静结合，有助于加强周身的血液循环，缓解局部肌肉的紧张状态。其运动强度和动作的编排次序符合运动学和生理学的规律，属于典型的有氧运动，可改善心肺功能、调节精神紧张状态，疏通经络、畅通气血。

八段锦动作详解

1. 预备势

（1）动作学习

① 两脚并步站立，两手自然下垂于体侧，立身中正；目视前方。

② 左脚向左开步，双脚与肩同宽；
目视前方。

③ 两臂内旋向两侧摆起，与髋同
高，掌心向后；目视前方。

④ 接上动，两膝关节稍屈，敛
臀；同时，两掌外旋，两手
向前合抱于腹前，与脐同
高，掌心向内，两掌手指间
距约10厘米；目视前方。

（2）动作要点

① 头向上顶（百会穴上顶），下颌微收，舌抵上腭，嘴唇轻闭，沉肩坠肘，腋下虚掩，指尖相对；胸部宽舒，腹部松沉；收髋敛臀，命门穴放松，后背放平，上体中正，膝关节不超越脚尖，两脚平行站立。

② 呼吸徐缓自然，气沉丹田，调息6～9次。

③ 意念集中，准备练功。

（3）动作功效

宁静心神，调整呼吸，内安五脏，端正身形，从精神与肢体上做好练功前的准备。

（4）习练建议

① 先把每一势动作做定势练习，使动作准确。

② 动作熟练后，再进行动作与动作之间的连接。

③ 动作连贯后将其放缓慢、放轻柔。

2. 两手托天理三焦

（1）动作学习

① 两臂外旋微下落，掌心向上，两掌五指分开在腹前交叉；目视前方。

② 两腿挺膝伸直，起身成直立状态；同时，两掌上托于胸前；目视前方。

③ 两臂内旋向斜上方托起（约额上75度位置），掌心朝向斜上方；抬头，目视两掌。

④ 两臂继续上托，肘关节伸直（尽可能使手臂与身体保持平直）；同时下颌内收，动作略停，力达两掌掌根；目视前方。

⑤　十指在头顶慢慢分开；目视前方。

⑥　身体重心缓缓下降，微屈双膝；同时两臂分别向身体两
侧下落，两掌捧于腹前，掌心向上；目视前方。
"两手托天理三焦"上托、下落为1次，重复练习6次。

（2）动作要点

① 两掌上托时，抬头看掌，下颌先向上助力，继续上举时缓慢用力，再下颌微内收（有拔颈感），配合两掌上撑，力在掌根，舒胸展体，两脚踏实，身体直立，臆想两手托起重物，略有停顿（停顿时闭气），保持伸拉。

② 两掌下落时呼气，松腰沉髋，小腹放松，气沉丹田，沉肩坠肘，松腕舒指，上体中正。

（3）功效

① 通过对胸腹部的牵拉，可以按摩脏腑，调理三焦。同时可牵拉上肢内侧的手少阴心经、手厥阴心包经、手太阴肺经，从而达到对心、心包、肺等脏腑及其所属经脉的刺激，促使经气运行。

② 可以充分拉长躯干与上肢各关节周围的肌肉、韧带及关节软组织，使其伸展性增加，提高关节的灵活性，对于防治肩部疾患具有良好的作用，有利于预防颈椎病。

（4）习练建议

① 慢慢做好每一个分解动作，并配合呼吸，体会用力的感觉。

② 动作练熟后，上托用力，下落放松，感受身体的紧与松过程。

3. 左右开弓似射雕

（1）动作学习

① 开步站立，双手掌心向上。

② 重心平移向右腿，左脚向左开步站立，两膝关节自然伸直；同时，两掌向上交叉于胸前，手腕相叠，左掌在外，两掌心向内；目视前方。

③ 右掌屈指成勾弦掌；左掌成八字掌，目视左前方。

八字掌：中指、无名指、小指第一、第二关节卷曲，食指、拇指伸开，虎口撑开。

勾弦掌：四指第一、第二关节卷曲，拇指按于食指上方。

八字掌

勾弦掌

④ 两腿屈膝半蹲成马步；同时，右手勾弦掌向右拉至肩前，左臂内旋，八字掌向左推出，与肩同高，坐腕立掌，掌心向左，犹如拉弓射箭之势，动作略停；目视左手掌前方。

⑤ 重心右移，成右侧弓步；同时，右手五指伸开成掌，向上、向右划弧，至与右肩同高，指尖向上，掌心斜向前；左手五指伸开成掌，掌心斜向前；目视右掌。

⑥ 重心继续向右移至右脚，左脚回收成并步站立；同时，两掌分别由两侧下落至身体两侧；目视前方。

⑦　接右侧开弓射雕式，重心平移向左腿，右脚向右开步站立，两膝关节自然伸直；同时，两掌向上交叉于胸前，手腕相叠，右掌在外，两掌心向内；目视前方。

⑧　右掌屈指成八字掌，左掌成勾弦掌；目视右前方。

⑨　两腿屈膝半蹲成马步；同时，左手勾弦掌向左拉至肩前，右臂内旋，八字掌向右推出，与肩同高，坐腕立掌，掌心向右，犹如拉弓射箭之势，动作略停；目视右手掌前方。

⑩ 重心左移，成左侧弓步；同时，左手五指伸开成掌，向上、向左划弧，至与左肩同高，指尖向上，掌心斜向前；右手五指伸开成掌，掌心斜向前；目视左掌。

⑪ 重心继续向左移至左脚，右脚回收成并步站立；同时，两掌分别由两侧下落至身体两侧；目视前方。

"左右开弓似射雕"一左一右为1次，共练习3次。

⑫ 最后一个右侧开弓射雕式完成后，收半步成开步微屈膝站立；两掌落至小腹前，指尖相对，成抱桩姿势；目视前方。

（2）动作要点

① 下蹲成马步时，两脚开度约一个半肩宽至两个肩宽，屈膝最大幅度是大腿成蹲平状态，马步动作可根据自己的身体条件选择适合的姿势强度。

② 开弓时两臂需端平。侧拉之勾弦掌五指要并拢屈紧，将手、肘端至与肩平；八字掌外撑则需沉肩坠肘，坐腕立掌，掌心涵空（由于五指扣劲促成的掌心内凹涵空状）。

（3）动作功效

① 展肩扩胸做开弓姿势时，可刺激督脉和背俞穴；同时刺激手三阴三阳经（手太阴肺经、手厥阴心包经、手少阴心经、手太阳小肠经、手阳明大肠经、手少阳三焦经）等，畅通经脉之气。

② 能有效地发展上下肢肌肉力量，提高平衡和协调能力；可以矫正一些不良姿势，如驼背及肩内收等，有利于预防肩、颈疾病。

（4）习练建议

① 先对每一个动作进行定势练习，将姿势做准确，并体会开弓时的用力。

② 每一动作熟练后，再进行动作与动作之间的连接，使此势动作连贯。

4. 调理脾胃须单举

（1）动作学习

① 成开步站立，双手掌心相对。

② 两腿徐缓挺膝伸直，起身成直立；同时，两手掌微向上抱，指尖相对；目视前方。

③ 左掌上托，微微外旋于胸上方；右掌微上托，外旋反掌，掌心向下于右腰侧前；目视前方。

④ 吸气时，左手掌继续外旋经面前反掌上举至头左上方，臂微屈，掌心向上，指尖向右；右掌下按至右髋旁，掌心向下，指尖向前；左掌上举，右掌下按，收腹舒胸，屏气，动作略停；目视前方。

⑤　左臂经左肩前方自然下落；胸腹放松，气向下顺；目视前方。

⑥　松腰沉髋，微屈膝，重心缓缓下降；同时，左臂外旋下落收抱于腹前，掌心向上；右臂外旋，右掌向上捧于腹前，掌心向上；两掌指尖相对，相距约10厘米；目视前方。

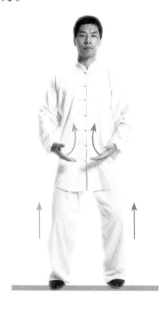

⑦　两腿徐缓挺膝伸直，起身成直立；同时，两手掌微向上抱，指尖相对；目视前方。

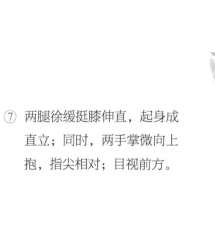

⑧ 右掌上托，微微外旋于胸上方，左掌
微上托，外旋反掌，掌心向下于左腰
侧前；目视前方。

⑨ 上动不停，吸气时，右手掌继续外旋
经面前反掌上举至头右上方，臂微
屈，掌心向上，指尖向左；左掌下按
至左髋旁，掌心向下，指尖向前；右
掌上举，左掌下按，收腹舒胸，屏
气，动作略停；目视前方。

⑩ 右臂经右肩前方自然下落；
胸腹放松，气向下顺；目视
前方。

⑪ 松腰沉髋，微屈膝，重心缓缓下降；同时，右臂外旋下落收抱于腹前，掌心向上；左臂外旋，左掌向上捧于腹前；掌心向上，两掌指尖相对，相距约10厘米；目视前方。

　　"调理脾胃须单举"一左一右为1次，共练习3次。

⑫ 做到第3次最后一个动作时，松腰沉髋，微屈膝，重心缓缓下降；同时，右掌经右肩前自然下落按于右髋旁，掌心向下，指尖向前。目视前方。

（2）动作要点

两掌上撑下按时，吸气，两臂微屈，指尖指向要正确，力达掌根，对拉拔长，舒胸展体，拔长腰脊，屏气，动作略停。屈膝、落掌，重心下降时，气沉丹田，全身放松，成抱桩状态。

（3）动作功效

① 通过两掌上下对撑，对脊柱起到静力牵张作用，动作时一松一紧挤压腹腔，对脾胃中焦肝胆起到按摩的作用，促进胆汁、胃液的分泌。

② 可使上肢和肩胛关节及肌肉群、脊柱内各椎骨间的小关节及肌肉得到锻炼，从而增强脊柱的灵活性与稳定性，矫正身姿，有利于预防和治疗肩、颈疾病。

（4）习练建议

① 先进行定势练习规范动作，体会上撑下按之劲力，同时感受腹腔的挤压和拉伸对脏腑的按摩。

② 体会出动作感觉后再进行动作与动作之间的连接直至熟练。

5. 五劳七伤往后瞧

（1）动作学习

① 开步站立，双手掌心向下。

② 两腿挺膝伸直，起身成直立；
　　目视前方。

③ 吸气收腹，两掌小指领劲外旋，牵引手臂伸直，扩
　　胸展臂，掌心向外；头向左后转，屏气，动作略
　　停；目视左斜后方。

侧面动作展示

④ 呼吸，松腰沉髋，微屈膝，重心
　缓缓下降，气沉丹田；同时，两
　臂内旋按于髋旁，掌心向下，指
　尖向前，头转正；目视前方。

⑤ 两腿挺膝伸直，起身成直立；
　目视前方。

⑥ 吸气收腹，两掌小指领劲外旋，牵引手臂伸直，扩胸展臂，掌心向外；头向右后转，屏气，动作略停。目视右斜后方。

侧面动作展示

⑦ 呼吸，松腰沉髋，微屈膝，重心缓缓下降，气沉丹田；同时，两臂内旋按于髋旁，掌心向下，指尖向前，头转正；目视前方。

"五劳七伤往后瞧"左瞧再右瞧为1次，共练习3次。

（2）动作要点

① 头向上顶，肩向下沉，身体直立，吸气，收腹展胸，向后平转头但不转体，眼珠转瞪后瞧，小指领劲充分向外旋臂，两臂伸直，两肩后张，屏气后瞧，动作略停顿。

② 回身转正，向下按掌，腹部放松，气沉丹田。

（3）动作功效

① "五劳"指心、肝、脾、肺、肾。"七伤"指喜、怒、悲、忧、恐、惊、思。往后瞧的转头动作可以刺激颈部大椎穴，达到防治五劳七伤的目的。

② 可增加颈部及肩关节周围参与运动肌群的收缩力，增加颈部运动幅度，活动眼肌，预防眼肌疲劳和肩颈及背部疾患，改善颈部及脑部血液循环，有助于解除中枢神经系统的疲劳，增进和改善其功能。

（4）习练建议

先学习转头和后瞧的方法，转头但不转身。再进行旋臂练习，旋臂时小指要领劲带动手臂内旋。最后进行整个动作。

6. 摇头摆尾去心火

（1）动作学习

① 开步站立，双手掌心向下。

② 重心向左腿平移，右脚向右开步站立；同时，两掌内旋抱掌于腹前，屈肘，掌心向上，手指相对；目视前方。

③ 两腿蹬直；同时，两掌外旋上托至头上方，肘微屈，掌心向上，手指相对，抬头；目视两掌。

④ 两腿屈膝半蹲成马步；同时，两臂向两侧下落，两掌扶于膝关节上方大腿内侧，肘微屈，拇指向身体内侧；目视前方。

⑤ 微伸膝，重心向上稍升起；目视前方。　⑥ 重心右移，上体向右侧倾、俯身；
　　　　　　　　　　　　　　　　　　　　　目视右脚。

⑦ 重心左移，略含胸；同时，上体由右向前、向左旋转；目视右脚。

⑧ 重心右移成马步，尾闾从右向前、向左、向后摇摆；同时，头向后摇，上体立起，抬头；目视上方。

提示 尾闾：指尾骨末端的长强穴。太极中有"顶百汇，摆尾闾"的说法，虽然尾闾是个穴位，但是此处仍沿用尾闾移动的说法，因为尾骨是面积，尾闾是个具体的点，对于动作描述更为确切。

⑨ 微屈膝下蹲成马步，尾闾从后向前卷曲（敛臀）；随之下颌微收，头回正；目视前方。

⑩ 微伸膝，重心向上稍升起；
目视前方。

⑪ 重心左移，上体向左侧倾、俯身；
目视左脚。

⑫ 重心右移，略含胸；同时，上体由左向前、向右旋转；目视左脚。

25

⑬ 重心左移成马步，尾闾从左向前、向右、向后摇摆；同时，头向后摇，上体立起，抬头；目视上方。

⑭ 微屈膝下蹲成马步，尾闾从后向前卷曲（敛臀）；随之下颌微收，头回正；目视前方。
　　"摇头摆尾去心火"左绕1圈再右绕1圈为1次，共练习3次。

⑮ 做完3次后，重心移向左腿，右脚
回收半步成开步站立，与肩同
宽；同时，两臂经两侧上举，两
掌心相对；抬头目视前上方。

⑯ 随后松腰沉髋，微屈膝，重心缓缓下降；同时，
两臂屈肘，两掌经胸前下按至腹前，掌心向下，
指尖相对；目视前方。

（2）动作要点

① 上体侧倾时下颌不要有意内收或上仰，应保持身体不变，向下俯身时，微含胸，颈椎部肌肉尽量放松伸长。

② 摇转时，脖颈与尾闾对拉伸长，加大旋转幅度。尾闾在做从一侧向前、向另一侧再向后的旋转时，头在做向一侧再向后的旋转，两者本不相同，需要练习者对绕法和速度进行协调，速度应柔和缓慢，动作要圆活连贯。

③ 当旋转到最后时马步下蹲，收髋敛臀，应与收下颌同步完成，上体中正。

（3）动作功效

① 心火，即心热火旺的病症，属阳热内盛的病机。两腿下蹲，摆动尾闾，可刺激脊柱、督脉、足少阴肾经、膀胱经。摇头可刺激膀胱经与大椎穴，有疏经泄热的作用，有助于去除心火。

② 在摇头摆尾的过程中，可使整个脊柱肌群参与收缩，既增加了颈、腰、髋的关节灵活性，又发展了该部位的肌力。能使腹腔内脏得到挤压按摩，使其功能得到改善，还可以加快食物残渣的排出，有利于预防便秘和痔疮。

③ 尾闾位于脊椎骨的最下段，上连骶骨，下端游离，集聚了大量神经组织，摇摆尾闾也就刺激神经系统，使身心愉悦，舒心解郁，身体机能增强。

④ 本式采用马步，大大加强腿部肌肉力量练习，强腿力，固腰膝。

（4）习练建议

① 先熟练掌握摇头正确动作，再熟练掌握摆尾的动作。

② 把摇头与摆尾的配合点找对后再慢慢配合协调。

7. 两手攀足固肾腰

（1）动作学习

① 两掌外摆，指尖向前；
目视前方。

② 两腿挺膝伸直站立；两手指尖领劲，使
两臂向前伸，肘关节伸直，掌心向下；
目视前方。

③ 两臂上举，掌心向前；
目视前方。

④ 两臂外旋至掌心相对；目视前方。

⑤ 屈肘，两掌下按于胸前，掌心向下，指尖
相对；目视前方。

侧面动作展示

⑥ 两臂外旋，两掌心向上，随之两掌
手指顺腋下后插；目视前方。

侧面动作展示

⑦ 两掌心向内沿脊柱两侧向下摩运至
后腰（即肾俞穴）；目视前方。
注释：摩运，用手摸着运行。

⑧ 两臂放松，两掌心继续向下摩运至臀
部，随之上体前俯；目视前下方。

侧面动作展示

侧面动作展示

⑨ 两掌继续沿腿后向下摩
运至脚后跟，抬头；目
视下方。

侧面动作展示

⑩　两手指尖经脚两侧置于脚尖，抬头；目视下方。

侧面动作展示

⑪　呼气下按两掌于脚面上；背挺直下压，抬头，动作略停；目视下方。

侧面动作展示

⑫ 两掌手指尖领劲沿地面前伸，臀部向后坐，使两手臂与后背成一个平面，顶头，下颌微内收；目视下方。

侧面动作展示

⑬ 随之以腰力带动手臂与上体一起挺立，两臂伸直上举，掌心向前，指尖领劲不松懈；目视前方。
　"两手攀足固肾腰"每起身上举为1次，重复练习6次。

侧面动作
展示

（2）动作要点

两掌反穿摩运要适当用力，至脚背时松腰沉肩，两膝挺直，后背尽量挺直下压，用腹部去贴大腿，向上起身时指尖领劲，要使手臂主动上举，带动上体立起，起身时动作要缓慢。

（3）动作功效

① 通过大幅度前屈后伸可刺激脊柱、督脉、膀胱经、背、腰、膝，以及命门、阳关、委中等穴，达到固肾壮腰的作用。

② 通过脊柱大幅度的前屈后伸，可有效发展躯干前、后伸屈，也可增强脊柱肌群的力量与伸展性，同时对下肢后群肌肉的伸展性也有明显作用。

（4）习练建议

这一式的动作幅度最大，伸展性强，其重点动作是起身时要以臂带身，在起身时，要求两臂向前伸，体会那种把身体拉起来的感觉，如此反复练习。

8. 攒拳怒目增气力

（1）动作学习

① 重心移向右腿，左脚向左开步，两腿屈膝半蹲成马步；同时，两掌下落变拳抱于腰侧，拇指在内，拳眼向上；目视前方。

② 向右转腰，左拳缓慢用力向前冲出，与肩同高，拳眼向上；瞪目视左拳。

③ 左臂内旋，左拳变掌，虎口向下；瞪目视左掌。

④　左臂外旋，肘关节微屈，同时左掌向左缠绕，变掌心向上后握固；瞪目视左拳。

握固：拇指压在无名指的
内侧，其余四指紧握。

⑤ 松腰回转；屈肘，回收左拳，拳眼向
上；随拳回收放松，目视亦放松。

⑥ 接上动，收左拳贴于左腰侧；腰向
左转，出右拳，随出右拳，眼也瞪
目视右拳。

⑦ 向左转腰，右拳缓慢用力向前冲出，与肩同高，拳眼向上；瞪目视右拳。

⑧　右臂内旋，右拳变掌，虎口向下；
　　瞪目视右掌。

⑨　右臂外旋，肘关节微屈，同时右掌向右缠绕，变
　　掌心向上后握固；瞪目视右拳。

⑩ 松腰回转；屈肘，回收右拳，拳眼向上；随拳回收放松，目视亦放松。

⑪ 松腰转正，马步；同时，右拳收至右腰侧；目视前方。

"攒拳怒目增气力"左冲拳再右冲拳为1次，共练习3次。

⑫ 做完3次后，重心移向右腿，左脚回收成并步站立；同时，两拳变掌，垂于体侧；目视前方。

（2）动作要点

① 马步的高低可根据自己的腿部力量灵活掌握。

② 冲拳时怒目圆睁，脚趾抓地，拧腰顺肩，冲拳时头向上顶，上体立直，肩部松沉，肘微屈，前臂贴肋前送，力达拳面；拳回收时，先五指伸直充分旋腕，再屈指用力抓握。

（3）动作功效

① 肝主筋，肝开窍于目，怒目瞪眼可刺激肝经，有疏肝益肝、益睛明目的作用。

② 两腿下蹲十趾抓地、双手攒拳、旋腕、手指逐节强力抓握，可刺激手足三阴三阳十二经脉和脊柱督脉与膀胱经背俞穴。同时可使全身肌肉、筋脉受到静力牵张刺激，长期锻炼可使全身筋肉结实有力，气力大增，即肝主筋之意。

（4）习练建议

① 先采取站立姿势体会旋腕攥拳动作，动作熟练后再进行马步练习。

② 注意拧腰顺肩，力达拳面。

③ 出拳、旋腕，都要怒目而视。

9. 背后七颠百病消

（1）动作学习

① 并步站立，双手自然垂在身体两侧。

② 两脚跟提起，头上顶，动作略停；目视前方。

侧面动作展示

③ 两脚跟下落，轻震地面；目视前方。
"背后七颠百病消"一起一落为1次，
共练习7次。

侧面动作展示

（2）动作要点

① 上提时身体要微向前倾，十趾抓住地面，两腿并拢，提肛收腹，肩向下沉，百会穴上顶，略有停顿，掌握好平衡。

② 脚跟下落时，咬实后槽牙，分两步向下震脚后跟。

· 后脚跟要控制力量，下落一半高度；

· 剩下高度再轻轻下震，同时沉肩舒臂、周身放松。

（3）动作功效

① 颠足可刺激脊柱与督脉，使全身脏腑经络气血通畅，阴阳平衡。

② 可发展小腿后群肌力，拉长足底肌肉、韧带，提高人体的平衡能力。

③ 落地震动可轻度刺激下肢及脊柱各关节，并使全身肌肉得到很好的放松复位，有助于肌肉代谢产物的排出，解除肌肉紧张。

（4）习练建议

① 提脚后跟时，身体重心要往前倾，压在前脚掌，动作略停，保持好平衡。

② 落脚后跟时，脚后跟要先下落一半，以免落下时地面给身体的反作用力对头部的冲击。

10. 收　势

（1）动作学习

① 两臂内旋，向两侧摆起，与髋同高，掌心向后；目视前方。

② 两臂微屈肘，将两掌相叠于腹部
丹田处（男性左手在内，女性右
手在内）；目视前方。

③ 两臂自然下落垂于体侧，两掌轻
贴于腿外侧；目视前方。

（2）动作要点

两掌内外劳宫相叠于丹田，周身放松，气沉丹田。

收功时要心平气和，举止稳重。收功后可适当做一些整理活动，如搓手浴面和肢体放松等。

（3）动作功效

气息归元，整理肢体，放松肌肉，愉悦心情，进一步巩固练功的效果，使血液循环与代谢水平进一步降低，逐渐恢复到练功前安静时的状态。

（4）习练建议

① 通过意守丹田来宁静心神，使气息归元。

② 轻轻揉腹拍打身体，以使气血顺畅。

③ 搓手浴面，美容养颜。

五禽戏篇

五禽戏的由来

古人认为某些动物能够长寿，与其动作有着直接关系，于是人们模仿这些动物的神态和动作创造一些舞蹈作为强身健体之用。汉代名医华佗，总结前人的经验，创编了"五禽戏"，模仿虎、鹿、熊、猿、鸟五种动物的动作。由于这五种动物的生活习性不同，生存环境、活动方式各异，其动作、神态或雄劲豪迈、或轻捷灵敏、或沉稳厚重、或变化万端、或独立高飞。五禽戏将它们的不同特点集于一身，成为一套完整的锻炼方法。

五禽戏的健身功效

国家体育总局编排的五禽戏叫"健身气功·五禽戏"，与华佗的五禽戏有所区别。简化五禽戏，每戏分两个动作，分别为虎举、虎扑；鹿抵、鹿奔；熊运、熊晃；猿提、猿摘；鸟伸、鸟飞。每种动作都是左右对称、各做1次，并配合气息调理。

中医认为，习练五禽戏可以涵养精神、调节气血、益润脏腑、畅达经络、舒活筋骨、利通关节；人们通过模仿五种动物的肢体运动，可以促进全身气血流畅，达到强体健身、消除疾病、延年益寿之目的。

五禽戏技术动作详解

1. 起势调息

起势调息，动作可配合气息，调匀呼吸，意守丹田，做好练功准备。

（1）动作学习

① 两脚并步站立，成直立；两臂垂于体侧；目视前方。

② 重心移向右腿，左脚向左开步，与
　 肩同宽，成开步站立；目视前方。

③ 吸气，两臂外旋向前托两掌，肘微
　 屈，手臂放松，与肩同高，掌心向
　 上，指尖向前；目视前方。

④ 接上动，两臂内旋收掌于胸
　 前，掌心向下，指尖相对；
　 目视前方。

⑤ 呼气，两掌自然顺势下落至身体两侧，掌
心向内，指尖自然下垂；目视前方。
"起势调息"起掌吸气、落掌呼气为1次，
共练习3次。

（2）动作要点

① 头向上顶，下颌微收，舌抵上腭，嘴唇轻闭，沉肩坠肘，腋下虚掩；胸部宽舒，腹部
松沉；收髋敛臀，命门穴放松，上体中正，两脚平行站立。

② 吸气，两手上提接近与胸同高时，伸腰、伸胸，胸廓微开展，同时两手边上提边内
合，从而使两手在上提与内合的"转弯处"自然划出圆弧形。

③ 呼吸徐缓，气沉丹田，调息3次。

（3）动作功效

宁静心神，调整呼吸，内安五脏，端正身形，从精神与肢体上做好练功前的准备。

（4）习练建议

动作简单易练，练习动作要缓慢放松，圆活自然。

2. 虎戏

虎戏，要表现出虎的威猛气势，虎视眈眈。

本戏手形：虎爪。

虎爪：五指张开，手指第一、第二关节内扣。

虎戏由虎举和虎扑两个动作组成。

虎戏——虎举

（1）动作学习

① 两脚开步站立；两掌从身体两侧向前按掌，两掌距离身体约10厘米，掌心向下，指尖向前；微含胸低头，目视两掌。

② 两掌在腹前抓握拳上提至胸前，由小
　　指开始抓握成拳；目视前方。

③ 收腹吸气，舒胸提气，两臂内旋将拳向
　　头上举起，当拳举至胸前时两拳逐渐变
　　掌，举于头上，掌心向上，屏气，动作
　　略停；目视两掌。

④ 腹部放松，两手掌于头上向下拉抓
　拳至胸前，头回正；目视前方。

⑤ 接上动，两拳内旋下拉，经胸前下
　按变掌，按于小腹前，掌心向下，
　指尖向前，略低头；目视两掌。
　"虎举"上举再下按为1次，共练习
　4次。

⑥ 当第4次"虎举"做完后，
　两掌自然下落至身体两侧，
　头放正；目视前方。

（2）动作要点

① 两手按掌时，收髋敛臀，命门穴放松，腹部放松，气沉丹田，略低头含胸，沉肩下压脊柱；握拳时要攥紧；上举掌时，要抬头，收腹提胸，肩向上顶，力达掌根，屏气，拔长脊柱，动作略停。

② 呼吸要徐缓，气要充足，气沉丹田。

（3）动作功效

① "虎举"是脊柱由屈到伸，再由伸到屈的过程。具有强健脊柱，防治脊柱疾病的功效。

② 通过抓举，可以提升手及手臂的力量，使气血行遍全身，通达全身经络。吸气时收腹提胸，起到了按摩腹腔脏腑的作用，强实内脏。

③ "虎举"的一张一弛，欲扬先抑也蕴含了中华传统文化于其中，提升了动作内涵。

（4）习练建议

在做虎举动作时要体现出像老虎一样的阳刚之力。

虎戏——虎扑

（1）动作学习

① 两脚开步站立，两手握空心拳放于身体两侧；目视前方。

② 两手空心拳从身体两侧经腋下上提过肩；目视前上方。

③ 臀部向后坐，俯身向前，两手变虎爪向前扑出，后背与手臂伸平，力达指尖，掌心向下，抬头，目视虎爪前方。

侧面动作展示

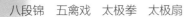

④ 接上动，屈膝半蹲，两虎爪下按与腰
　同高；两臂肘微屈向下，掌心向下；
　目视两虎爪前方。

⑤ 敛髋伸膝，起身站立；同时，两手自
　然回落至身体两侧；目视前方。
　到此完成1次原地扑的动作。

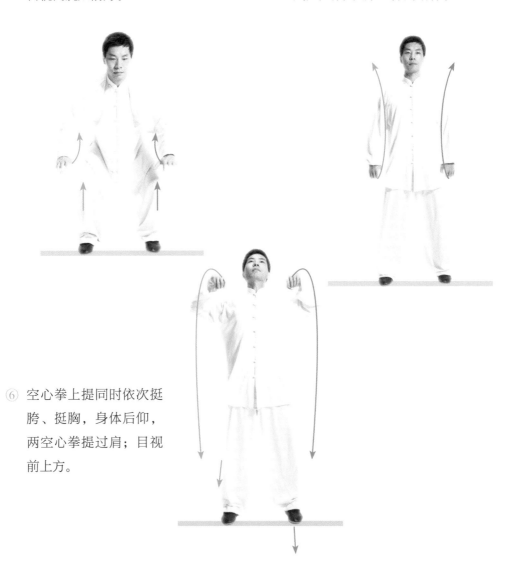

⑥ 空心拳上提同时依次挺
　胯、挺胸，身体后仰，
　两空心拳提过肩；目视
　前上方。

⑦ 接上动，向前出左脚，脚跟着地，脚尖朝前，成左虚步；同时，直体向前俯身，两虎爪向斜下扑出，与腰同高，掌心向下；目视虎爪前方。

⑧ 重心移向右脚，收回左脚，两脚平行与肩同宽，敛臀半蹲，成开步屈蹲；目视前下方。

⑨ 敛髋伸膝，起身站立；同时，两手自然回落至身体两侧；目视前方。

到此完成1次出左脚扑的动作。

衔接1次原地扑和1次出右脚扑，共4次扑才算完成1次虎扑。"虎扑"共练习2次。

（2）动作要点

① 上提空拳时，吸气要充足，速度略缓；下扑爪时，呼气要迅速。

② 扑爪时，手要前伸，臀要后坐，拔长腰部。

③ 扑爪时的力量要达到手指尖和脚趾尖。

（3）动作功效

① "虎扑"的前扑动作是在体前屈时最大限度地伸脊柱。动作要抬头、塌腰、尾闾上翘，两手尽量前扑。本动作在躯干前屈时再伸，加大了腰背肌肉的负荷，使腰背部的肌群得到了锻炼。

② 通过前扑的动作不仅锻炼到了全身的肌肉群，还能起到疏通经络、活络气血的作用。

（4）习练建议

① 每一扑的动作都要进行定势练习，规范姿势，注意呼吸与力量的配合。

② 待每一扑的动作熟练后，再进行动作与动作之间的连接。

虎戏——调息

虎戏结束后要进行调息。

① 两脚开步，成直立；两掌自然放松垂于体侧；目视前方。

② 吸气，两臂外旋从身体两侧举起，
肘微屈，手臂放松；至肘与腰同高
时，掌心向前；目视前方。

③ 上动不停，两臂内旋屈肘收掌于胸前，
掌心向下，指尖相对；目视前方。

④ 呼气，自然顺势落掌至身
体两侧，掌心向内，指尖
自然下垂；目视前方。

3. 鹿戏

鹿戏，要模仿鹿轻盈安闲、自由奔放的神态。

本戏手形：鹿角。

鹿角：中指和无名指弯曲，其余三指伸直张开。

鹿戏由鹿抵和鹿奔两个动作组成。

鹿戏——鹿抵

（1）动作学习

① 两脚开步站立，重心移向右腿，提起左脚；两手握空拳挥摆向身体右侧，右手与肩同高，左手与胸同高，掌心向下；目视右侧。

② 向左前方出左脚，脚跟着地；
两手变鹿角，目视鹿角。

③ 外摆左脚，屈左膝，重心向左腿前移，右腿蹬
直；同时，腰向左转，屈左臂，用肘关节抵住
左腰，右手在头右上方，两手鹿角同时向左后
最大扭转，向左后转头后瞧；目视右脚脚跟。

④ 接上动，动作由步骤③到步骤②原路返回，屈
右膝，重心回坐到右腿上，伸左膝，勾左脚脚
尖，成左虚步；两手臂和头也按照原轨迹返
回；目视鹿角。

⑤ 接上动，动作原路返回，收左脚，两手鹿角变回空心拳；目视右侧方。

⑥ 接上动，重心移到左腿，提右脚；两手握空拳向下经腹部从身体右侧至左侧，左手与肩同高，右手与胸同高，掌心向下；目视左侧。

⑦ 向右前方出右脚，脚跟着地；两手变鹿角，目视鹿角。

⑧ 外摆右脚，屈右膝，重心向右腿前移，
左腿蹬直；同时，腰向右转，屈右臂，
用肘关节抵住右腰，左手在头左上方，
两手鹿角同时向右后最大扭转，向右后
转头后瞧；目视左脚脚跟。

⑨ 屈左膝，重心回坐到左腿上，伸
右膝，勾右脚脚尖，成右虚步；
两手臂和头也按照原轨迹返回。

⑩ 接上动，动作原路返回，收右脚，两手鹿
　　角变回空心拳。

　　"鹿抵"左转再右转为1次，共练习2次。

⑪ 接上动，"鹿抵"最后一个动作完成
　　后，重心移到两脚之间，成开步站立；
　　两空拳变掌自然回摆到身体两侧，掌心
　　向内，自然下垂；目视前方。

（2）动作要点

① "鹿抵"的动作实质是脊柱的侧屈加回旋，同时异侧骨盆要前倾内收。在重心前移成弓步时，膝关节前顶使得骨盆成前倾内收姿势固定，然后转腰、转头，同时脊柱侧屈，形成对一侧脊柱的牵拉拔长。

② 转身两手摆动向后伸出时，两脚要踏实，不可起脚。

③ 呼吸徐缓，气沉丹田。

（3）动作功效

"鹿抵"主要活动腰部，有脏腑的按摩、脊柱的牵拉放松和强腰固肾的作用。

（4）习练建议

① 先规范"鹿抵"转腰时的定势练习，找到受力的感觉。

② 熟练后，再进行动作与动作之间的连接。

鹿戏——鹿奔

（1）动作学习

① 重心移到右腿，提左脚；两手上提，握空心拳至两肋侧；目视前方。

63

② 左脚向左前方出步，与肩同宽，成左虚
　步；身体微后仰，两拳经腋下上提，至
　与头同高，掌心向前；目视前方。

③ 落左脚，屈左膝，重心向左腿移，成
　左弓步；两拳向前扑出，与肩同高，
　坐腕立拳，掌心向前；目视前方。

④ 凸腕向下扣拳，手背向前；目视前方。

侧面动作展示

⑤ 屈右膝，重心向右腿后坐，伸左膝，脚落实，成左虚步；两拳带臂先内旋前伸变鹿
角，掌背相贴，手指向前，含胸卷腹，低头，后背向后成弓形；目视下方。

侧面动作展示

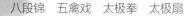

⑥ 屈左膝，重心前移，成左弓
步；两手变空拳前伸，与肩同
高、同宽，掌心向下，身体直
立，头放正；目视前方。

⑦ 屈右膝，重心回坐，收左脚回落，跳步交
换，左腿支撑，右脚提起；同时两手向下回
拉提至两肋旁，掌心向下；目视前方。
左侧"鹿奔"完成，衔接右侧"鹿奔"，动
作与左侧相同，但方向相反。
"鹿奔"左侧、右侧各练习一遍为1次，共
练习2次。

⑧ 接上动，"鹿奔"最后一
个动作完成后，重心移到
两脚之间，成开步站立；
两空拳变掌自然回摆到身
体两侧，掌心向内，自然
下垂；目视前方。

（2）动作要点

① "鹿奔"的整个运动是脊柱由伸到屈、再由屈到伸的过程。弓步屈手腕时，脊柱处于自然放松状态；重心后移、脊柱后弓时，整个身体经历伸膝、扣髋（骨盆尽力前倾）、弓腰（腰椎屈）、含胸（胸椎屈）、扣肩，再由两臂内旋把腰背的力量传至手指尖，使脊柱得到充分伸展和拔长。

② 做弓腰前伸的动作时，肩背部成"横弓"，腰背部成"竖弓"，两脚要踏实，不可起脚。在左右换动作时，小换步（即轻跳步换脚）。

③ 呼吸徐缓，气沉。

（3）动作功效

"鹿奔"动作主要使肩关节充分内旋，伸展肩背肌肉群。

（4）习练建议

① 先规范"鹿奔"时鹿角前伸弓背的定势练习，体会受力。

② 原地练习小换步，使之轻盈自然。

③ 熟练后，再进行动作与动作之间的连接。

鹿戏——调息

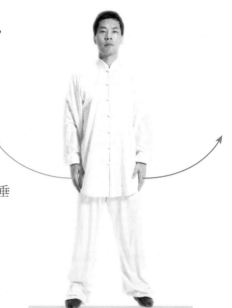

① 两脚开步站立，成直立状态；两掌自然放松垂于体侧；目视前方。

② 吸气，两臂外旋向身体两侧，肘
　微屈，手臂放松，与腰同高，掌
　心向前；目视前方。

③ 接上动，两臂内旋屈肘收掌于胸前，
　掌心向下，指尖相对；目视前方。

④ 呼气，自然顺势落掌至身
　体两侧，指尖自然下垂；
　目视前方。

4. 熊戏

熊戏表面上笨拙缓慢，其实内在充满了稳健、厚实的劲力。

本戏手形：熊掌。

熊掌：拇指搭在食指和中指的第一指节上，虎口撑圆。

熊戏由熊运和熊晃两个动作组成。

熊戏——熊运

（1）动作学习

① 两脚开步站立，微屈膝、敛臀（骨盆前倾）、松腰（腰椎微屈）、含胸（胸椎屈）、低头（颈椎屈），两手握空拳成"熊掌"，放在腹前，掌心向内，微含胸，低头；目视两手方向。

② 上体前俯，随身体顺时针绕圆，依次向
下、向右、向上、再向下，头随身体固
定一起动。

"熊运"顺时针绕2圈，不停顿，再逆时
针绕2圈，动作与顺时针相同，但绕动方
向相反。共绕4圈。

③ "熊运"逆时针绕完后，两臂自然
向下至体侧，手握熊掌不变，掌心
向里；目视前方。

（2）动作要点

① 微屈膝、敛臀（骨盆前倾）、松腰（腰椎微屈）、含胸（胸椎屈）、低头（颈椎
屈）、看手，身体重心放在预备姿势的重心垂直线上（身体中正，重心微下沉，身体
不能前后倾斜）。

② 在做身体侧屈时，脊柱做侧屈加前屈动作，骨盆配合脊柱运动由后倾至前倾。整个绕
转过程中，两手在脊柱运动的带动下，从肚脐下的起点到一侧髋的上角、到肚脐上、
再到另一侧髋的上角，最后回到肚脐下的起点。

③ 两脚要踏实，不可起脚。

（3）动作功效

"熊运"的整个动作是脊柱的组合运动过程，其要领是依靠脊柱的运动带动两手围绕肚脐
划立圆。

（4）习练建议

规范"熊运"转腰时的动作练习，找到用力感觉。

熊戏——熊晃

（1）动作学习

① 接上动，吸气，重心移向右腿，提胯带起左脚，做向左前迈步状态；同时右臂前摆，左臂后摆，成摆臂状态；目视左前方。

② 左脚向左前方落步，重心向左腿移动；同时呼气，左肩微下沉向左前方靠的同时领摆左臂，右臂向右后方摆；目视左前方。

③ 吸气，屈右膝，伸左膝，重心向右
腿移动；同时，右肩微下沉向左前
方靠的同时领摆右臂，左臂向右后
方摆；目视左前方。

④ 呼气，屈左膝，伸右膝，重心向左
腿移动；左肩微下沉向左前方靠的
同时领摆左臂，右臂向右后方摆；
目视左前方。

"熊晃"的左晃动作完成。

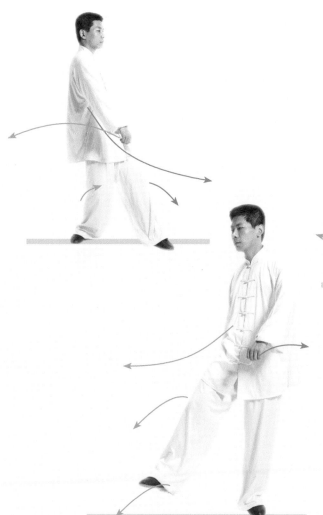

⑤ 接左熊晃动作，但方向相反，
重心移向右腿，吸气，提胯带
起右脚，成向右前迈步状态；
同时左臂前摆，右臂后摆，成
摆臂状态；目视右前方。

⑥ 右脚向右前方落步，重心向右腿移动；同时，呼气，右肩微下沉向右前方靠的同时领摆右臂，左臂向左后方摆；目视右前方。

⑦ 吸气，屈左膝，伸右膝，重心向左腿移动；同时，左肩微下沉向右前方靠的同时领摆左臂，右臂向左后方摆；目视右前方。

⑧ 呼气，屈右膝，伸左膝，重心向右腿移动；
右肩微下沉向右前方靠的同时领摆右臂，左
臂向左后方摆；目视右前方。
　"熊晃"的右晃动作完成。
　"熊晃"左晃后再右晃为1次，共练习2次。

⑨ 接上动，"熊晃"最后一动完成后，提
左脚向前上步，与右脚齐平，重心移到
两脚之间，成开步站立；两空拳变掌自
然回摆到身体两侧，掌心向内，双手自
然下垂；目视前方。

（2）动作要点

① "熊晃"不仅有脊柱的屈伸回旋，还有重心的前后移动，上下肢与躯干运动的整体协调。其中提髋单腿站立时，脊柱为侧屈状态，要注意骨盆侧倾与脊柱侧屈的相互配合。然后膝关节屈膝前领，骨盆前倾，脊柱回到伸直状态。重心前移，落步踏实。上个动作不停，重心微前移，同时回转脊柱带动肩、手臂前靠。重心边后移，脊柱边前屈加侧屈形成对一侧脏腑的按摩。重心继续后移，脊柱边回转、边伸直，依靠脊柱的回转带动两臂前后自然摆动。上个动作不停，重心再由后向前移动，脊柱前屈加侧屈形成对另一侧脏腑的按摩，然后，脊柱边伸直、边回转，同样依靠脊柱回转带动两臂前后摆动。

② 呼吸徐缓而有力，随重心前后移动，气向下沉。

（3）动作功效

① 锻炼了上下肢与身体重心移动的协调性。

② 对脏腑器官有很好的侧向按摩作用。

③ 通过呼吸和用力的调理，舒筋活血，气力贯通。

（4）习练建议

① "熊晃"的动作较为复杂，习练者会感到较难掌握。建议先把每一晃进行定势练习。

② 吸气提胯带脚，呼气落脚，模仿熊起身走路的感觉。

③ 动作熟练后，再进行动作与动作之间的连接。

熊戏——调息

① 两脚开步站立，成直立状态；两掌
自然放松垂于体侧；目视前方。

② 吸气，两臂外旋向身体两侧展开，
肘微屈，手臂放松，与腰同高，掌
心向前；目视前方。

③ 接上动，两臂内旋屈肘收掌于
　　胸前，掌心向下，指尖相对；
　　目视前方。

④ 呼气，自然顺势落掌至身体两侧，掌
　　心向内，指尖自然下垂；目视前方。

5. 猿戏

猿猴生性活泼，机灵敏捷，猿戏要模仿猿猴东张西望、攀树摘果的动作。

本戏手形：猿勾、握固。

猿勾：五指指尖捏合，屈腕成勾手。

握固：拇指压在无名指的内侧，其余四指紧握。

猿戏由猿提和猿摘两个动作组成。

猿戏——猿提

（1）动作学习

① 两脚开步站立；两手掌置于腹前，五指张开，指尖向前，掌心向下，微含胸低头；目视两掌。

② 两手掌小指领劲外旋迅速爪勾，提至腹
　前，勾尖向下，两臂贴身；目视两手。

③ 耸肩缩脖，提勾手至胸前，提
　肛卷腹，再提踵（脚后跟），
　重心上提；目视前方。

④ 姿势不变，向左平转头，动作略停；
　目视左侧。

⑤ 姿势不变，头转正；
目视前方。

⑥ 重心下落时，先松肩，再松腹落肛，脚跟
落地，两手松开变掌于胸前，指尖相对，
掌心向下；目视前方。

⑦ 按掌下落，两掌自
然垂于体侧，指尖
下垂；目视前方。

"猿提"左看动作完成。

"猿提"右看动作与左看动作相同，只是方向相反。

"猿提"左看再右看为1次，共练习2次。

（2）动作要点

① 含胸低头，两手动作迅速。

② 重心上提时吸气，以胸前膻中穴为中心，头顶百会穴上领，应耸肩缩脖，提勾手至胸前，提肛卷腹，再提踵（脚后跟），用力将身体向中心收紧（耸肩、提肛、提踵三个动作一气呵成），保持身体平衡。

③ 转头侧看时，屏气，头要平转。

④ 重心下落时，先松肩，再松腹落肛，脚跟落地，两手松开变掌于胸前按掌自然下落。

（3）动作功效

"猿提"可以起到按摩内脏的作用。

（4）习练建议

① 把上提进行定势练习，耸肩、提肛、提踵三个动作一气呵成。

② 每一动熟练后，再进行动作与动作之间的连接。

猿戏——猿摘

（1）动作学习

① 接上动，上体微向右前方俯身，向左后方
撤左脚；同时，右臂向右斜前方摆出，左
手腕别在左腰间，掌心向后；目视右手。

② 屈左膝，略向左转体，身体重心向
左腿后坐；同时，右手向下向左沿
弧线摆掌。

③ 上体左转，重心移至左腿，收右脚，成
右丁步；同时，右手经左后方向上撩
掌，掌心对着左侧太阳穴；目视右斜
上方。

④ 右手内旋翻掌下按于腹前，掌心向
下；同时，将头回正并略低下；目
视右手。

⑤ 上体微右转，向右前方出右脚，向右搂右掌；目视右手。

⑥ 上体右转，重心移向右腿，左脚蹬起，右腿蹬直；同时，右手向右后方平搂，变勾手，勾尖向下，向上抡摆左手，经头上向下屈腕勾手，左右手水平面夹角约90度；目视左手。

⑦ 两臂放松下沉，两勾手变握固拳，拳紧握；目视左手。

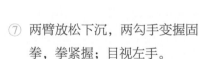

⑧ 落左脚，屈左膝，重心回坐向左腿；同时，两手握固拳松开变掌；目视右斜上方。

⑨ 上体左转，重心移至左腿，收右脚；同时，两掌顺势沿弧线回抱；目视左手。

"猿摘"左侧动作完成。

衔接右侧"猿摘"，动作与左侧相同，但方向相反。

⑩ 接上动，上体微向左前方俯身，向右后方撤右脚；同时，右臂内旋，右手腕别于右腰间，掌心向后，左手内旋微下落，掌心向右；目视左手。

⑪ 屈右膝，略向右转体，身体重心向右腿后坐；同时，左手向下向右沿弧线摆掌。

⑫ 上体右转，重心移至右腿，收左脚，成左丁步；同时，左手经右后方向上撩掌，掌心对着右侧太阳穴；目视左斜上方。

⑬ 左手内旋翻掌下按于腹前，掌心向
下；同时，将头回正并略低下；目
视左手。

⑭ 上体微左转，向左前方出左脚，
向左搂左掌；目视左手。

⑮ 上体左转，重心移向左腿，右脚蹬起，
左腿蹬直；同时，左手向左后方平搂，
变勾手，勾尖向下，向上抡摆右手，经
头上向下屈腕勾手，左右手水平面夹角
约90度；目视右手。

⑯ 两臂放松下沉，两勾手变握固拳，
拳紧握；目视右手。

⑰ 落右脚，屈右膝，重心回坐向
右腿；同时，两手握固拳松开
变掌；目视左斜上方。

⑱ 上体右转，重心移至右腿，收左脚；同时，两掌顺势沿弧线回抱；目视右手。

　　"猿摘"右侧动作完成。

　　"猿摘"左摘和右摘各一遍为1次，共练习2次。

⑲ "猿摘"最后一个动作完成后，左脚向左出脚，重心移到两脚之间，成开步站立；同时，两手掌自然下落至身体两侧，掌心向内，指尖自然下垂；目视前方。

（2）动作要点

① 退步摆掌，松肩划弧，眼看摆掌，当掌摆到头右侧时转头，看另一侧斜上方，攀树摘果时，重心上提，两掌屈腕，变勾手速度要快，然后握固，再变掌捧。

② "猿摘"要注意以脊柱的转动带动手臂，在成丁步转头向上瞧时，收手收脚在脊柱回转的带动下同时完成，动作要整体协调一致。

（3）动作功效

"猿摘"可以改善神经系统功能，提高身体反应的敏捷性。

（4）习练建议

① 先把定势的撩掌回头后瞧、摘果、抱掌等动作进行规范练习。

② 再把整个动作衔接起来练习。

猿戏——调息

① 两脚开步站立，成直立状态；两掌自然放松垂于体侧；目视前方。

② 吸气，两臂外旋向身体两侧，肘微
　 屈，手臂放松，与腰同高，掌心向
　 前；目视前方。

③ 接上动，两臂内旋屈肘收掌于胸前，
　 掌心向下，指尖相对；目视前方。

④ 呼气，自然顺势落掌至身体
　 两侧，掌心向内，指尖自然
　 下垂；目视前方。

6. 鸟戏

鸟戏，模仿湖中仙鹤，昂首挺立，伸筋拔骨，展翅翱翔。

本戏手形：鸟翅。

鸟翅：中指和无名指向下，其余三指上翘。

鸟戏由鸟伸和鸟飞两个动作组成。

鸟戏——鸟伸

（1）动作学习

① 两脚开步站立，松腰敛臀，屈膝下蹲，重心下沉；同时，两手从体侧打开，向前叠掌于腹前，左手掌心置于右手背上，两手掌心均向下；目视两手。

侧面动作展示

② 重心上提，伸膝两腿伸直，尾闾上翘（撅臀），塌腰，身体稍前倾；同时吸气，收腹展胸，耸肩缩颈，两手上提至头的前上方，掌心向下放平，指尖向前，目视前方。

侧面动作展示

③ 松腰敛臀，屈膝下蹲，重心向右腿移；同时，两手叠掌下按于腹前，掌心向下；目视两手。

④ 蹬腿起身，右腿伸直独立，左腿后展，脚背绷直；同时，挺胸，微抬头，两手成鸟翅状向后伸，掌心向后；目视前方。

右伸侧面动作展示

⑤ 左脚下落与肩同宽，开步站立，松腰敛臀，屈膝下蹲，重心下沉；同时，两手从体侧打开，向前叠掌置于腹前，左手掌心置于右手背上，两手掌心均向下；目视两手。

"鸟伸"左伸动作完成。

"鸟伸"右伸动作同左伸，但方向相反。

"鸟伸"左伸再右伸为1次，共练习2次。

⑥ 衔接调息，"鸟伸"最后一次成人字形后展动作完成后，直接落脚成开步站立，两掌自然下垂于身体两侧，目视前方。

（2）动作要点

① 成人字形后展时，以头和后伸的脚为端点，整个身体形成向后的弓形。

② 下蹲俯身叠掌时呼气，叠掌上提、人字形后展时为吸气。

（3）动作功效

借助手臂的上举和下按，身体状态松紧交替，起到吐故纳新、疏通任督二脉精气的作用。

（4）习练建议

① 叠掌上举和人字形后展的定势进行规范练习。

② 熟练后，再进行动作与动作之间的连接。

鸟戏——鸟飞

（1）动作学习

① 接上动，屈膝下蹲，重心移至右腿，提起左脚，内收点地；两手成鸟翅状抱掌于腹前，指尖相对。

② 蹬右腿，起身成右独立步，尽力向上提左膝，在小腿自然下垂，绷紧脚背的同时，以肩带臂向上摆双臂，手背向上，沉肩，肘微屈向下，两手略高于肩；目视前方。

③ 接上动，屈膝下蹲，重心移至右腿，提起左脚，内收点地；两手自然松臂，下落抱掌于腹前，指尖相对；目视两掌。

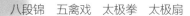

④ 蹬右腿，起身成右独立步，尽力向上提左膝，左小腿自然下垂，绷紧脚背；同时，以肩带臂向上摆双臂，使两手背在头上相对，但不贴合，沉肩，肘微屈向下；目视前方。

"鸟飞"左飞动作完成。

"鸟飞"右飞与左飞动作相同，但方向相反。

⑤ 屈右膝下蹲，落左脚，重心移至左腿，提起右脚内收点地，成右丁步；两手成鸟翅抱掌于腹前，指尖相对；目视两掌。

⑥ 蹬左腿，起身成左独立步，尽力向上提右膝，在小腿自然下垂，绷紧脚背的同时，以肩带臂向上摆双臂，手背向上，沉肩，肘微屈向下，两手略高于肩；目视前方。

⑦ 屈膝下蹲，重心移至左腿，提起右脚，内收点地；两手自然松臂，下落抱掌于腹前，指尖相对；目视两掌。

⑧ 蹬左腿，起身成左独立步，尽力向上提右膝，右小腿自然下垂，绷紧脚背；同时，以肩带臂向上摆双臂，使两手背在头上相对，但不贴合，沉肩，肘微屈向下；目视前方。"鸟飞"左飞再右飞为1次，共练习2次。

⑨ 衔接调息，右飞最后提膝动作完成后，右脚自然下落，双脚与肩同宽，成开步站立；同时，双手沿身体两侧自然划弧下落；目视前方。

（2）动作要点

① "鸟飞"以两臂的大开大合模仿鸟的飞翔，两臂的开、合要依靠脊柱伸、屈来带动。两臂上举时，伸膝、伸髋、伸脊柱；两臂下落时，屈膝、屈髋、屈脊柱。

② 下蹲俯身抱掌为呼气，提膝上飞为吸气。

（3）动作功效

锻炼心肺功能，灵活四肢关节，提高平衡能力。

（4）习练建议

① 单独练习手臂的摆臂，模仿鸟的飞翔动作。上提时先沉肩，再起肘，最后提腕。下落时，先松肩，再沉肘，最后按掌。使肩部手臂形成波浪弧度。

② 熟练后，再进行独立步连接完整练习。

鸟戏——调息

① 两脚开步站立，成直立状态；两掌自然放松垂于体侧；目视前方。

② 吸气，两臂外旋向身体两侧，肘
　微屈，手臂放松，与腰同高，掌
　心向前；目视前方。

③ 接上动，两臂内旋屈肘收掌于胸
　前，掌心向下，指尖相对；目视
　前方。

④ 呼气，自然顺势落掌至身体两
侧，掌心向内，指尖自然下垂；
目视前方。

7. 收势引气归元

收势引气归元：是收功动
作，可以调和气息。

（1）动作学习

① 两脚开步站立，两臂垂于体侧；目视前方。

② 两臂外旋侧举向上，
掌心相对于头上，配
合吸气；目视前方。

③ 两手掌内旋沿体前自然
落掌于身体两侧，掌心
向内，指尖自然下垂；
目视前方。
以上调息共练习3次。

④ 接上动，两臂外旋，由侧面向前抱掌，与腰同高，两手虎口交叉掌抱于腹前（肚脐上），男士左手在下，女士右手在下，意守丹田；目视前方，后闭目垂帘。

⑤ 接上动，待呼吸均匀，意念归
于丹田，两眼慢慢睁开；两手
提至胸前，合掌搓手至掌心发
热；目视前方。

⑥ 浴面，可重复数次（一般约6
次）；闭目。

⑦ 接上动，最后两掌向上，掌根过
耳后，双手从脖颈后经体前缓缓
下落，两臂自然下垂；目视
前方。

⑧　重心移向右腿，收左脚并步还原；目视前方。

（2）动作要点

起手吸气（如捧气至头顶上方），落掌呼气（外导内引，身体放松，意念下行），意念可随两手而行。

（3）动作功效

和气血、通经脉、理脏腑，通过收功，使身体舒泰安康，恢复常态。

（4）习练建议

先做两掌上举吸气、落掌呼气的配合练习。练熟后动作会自然放松。

简化
太极拳篇

预备站姿

头顶百会上顶，脖颈拔直，下颌微收；脊柱顶直，两肩下沉，两手掌放在大腿外侧，掌形自然舒展；两脚并拢，两腿伸直，胯向后微收；小腹放松；目平视前方，意念集中。

要点 全身放松，头颈正直；意念集中，自然呼吸。

1. 起势

① 吸气身体不晃，重心移到右腿，依次松左胯、膝、踝，自然脚跟离地。

② 左脚提脚尖离地约2厘米，平行向左打开，两脚与肩同宽。

③ 呼气，依次脚掌脚跟落地，重心再从右腿平移到两脚足弓中点上。

④ 吸气，肩不提，用肩送肘向前，提手掌，与肩同高、同宽。

⑤ 呼气，两肩下沉，两肘肘尖向下，两掌轻轻下按至腹前，坐腕，两掌手指斜向上；同时松胯向内敛，屈膝下蹲，腰背放平，两膝外撑，裆撑圆，重心落在两脚足弓中点上，上体保持预备站姿，小腹放松；两眼平视前方，意念集中。

要点 两脚脚尖朝前，两肘下垂与两膝相对，下蹲时上体要保持正直，不可前俯后仰，重心始终在两脚的足弓中点上，呼吸均匀细长；站桩时可以静站桩（就是落好桩后就不动了），根据自身条件选择站桩时蹲的高度和时间；还可以上下起落桩，站好桩后，手的升降、两腿的屈伸和呼吸配合一致，吸气腿伸直，手升到与肩同高，呼气手按到小腹前，腿屈膝到位。

2. 左右野马分鬃

（1）野马分鬃一

① 丁步抱球。上体微向右转，身体重心移至右腿上；同时右臂收在胸前平屈，掌心向下，左手经体前向右下划弧，放在右手下，掌心向上，两掌心相对成抱球状；左脚随即收到右脚内侧，脚尖点地；目平视。

要点 抱球手离身体30厘米左右，双肘下坠不要内夹。

② 转体迈步。上体微向左转，左脚向左前方迈出，脚跟着地成虚步；两手掌微微分开；左手方向目平视。

要点 迈步落脚要轻，重心留在右脚，不要急于前移。

③ 弓步分掌。右脚跟后蹬，右腿自然伸直，同时左腿前弓，脚掌慢慢踏实，成左弓步；同时上体继续向左转，左右手随转体慢慢分别向左上和右下分开，左手高与肩平，掌心斜向上，肘微屈，右手落在右胯旁，肘微屈，掌心向下，指尖向前；目随左手转视前方。

> **要点** 重心前移平稳，分掌和弓步动作同时完成；两肩放松下沉，胸微微内含，双臂保持自然弧形。

（2）野马分鬃二

① 重心后坐。上体慢慢后坐，身体重心移至右腿，左脚尖翘起；上肢动作保持不变。

> **要点** 重心平移后坐时，上体保持正直，不要前俯后仰。

② 丁步抱球。左脚尖微向外撇（约60°），身体随左脚左转，随后右腿蹬伸，左腿慢慢前弓，脚掌慢慢踏实，身体重心慢慢移至左腿；同时左臂收在胸前平屈，掌心翻转向下，右手向左上划弧放在左手下，手臂外旋，掌心上翻，两手掌心相对成抱球状；当重心移至左腿后，右脚慢慢收到左脚内侧，脚尖点地；目平视。

> 要点 收腿过程中左腿保持弯曲，身体重心不要升高。成丁步后，右脚虚点地面，重心完全在左脚。

③ 斜向右虚步。右腿向前偏右方向迈出，脚跟着地；两手掌微微分开；目平视。

> 要点 迈步落脚要轻，重心留在左脚，不要急于前移。

④ 弓步分掌。左腿自然伸直，右腿前弓成右
弓步；同时上体右转，左右手随转体分别
慢慢向下、右上分开，右手掌心斜向上，
肘微屈，左手落在左胯旁，肘微屈，掌心
向下，指尖向前；目随右手转视。

要点 右手分掌动作要和身体右转配合，做
到以腰带手。其余同野马分鬃一的动
作③。

（3）野马分鬃三

① 重心后坐。上体慢慢后坐，身体重心移至
左腿，右脚尖翘起；上肢动作保持不变。

② 丁步抱球。右脚尖微向外撇（约60°），身体
左转，随后左腿蹬伸，右腿慢慢前弓，脚掌慢
慢踏实，身体重心慢慢移至右腿；同时右臂收
在胸前平屈，掌心翻转向下，左手向右上划弧
放在右手下，手臂外旋，掌心上翻，两手掌心
相对成抱球状；当重心移至右腿后，左脚慢慢
收到右脚内侧，脚尖点地；右手方向目平视。

③ 斜向进步。左腿向左前方斜向迈
出，脚跟着地；两手掌微微分
开；右手方向目平视。

④ 弓步分掌。右腿自然伸直，左腿前弓成左弓步；同时上体左转，左右手随转体分别慢慢向左上和右下分开，左手高与眼平，掌心斜向上，肘微屈，右手落在右胯旁，肘微屈，掌心向下，指尖向前；目视正前。

完整练习 提示
以起势站位的左方为正前方，野马分鬃的三次迈步方向为左右30°，成小之字形路线；迈步动作时，重心不要急于前移，等脚跟着地后再慢慢移动重心；在重心的前后移动中，身体不要前俯后仰，重心最好不要有起伏。

3. 白鹤亮翅

① 跟步抱球。上体微向左转，右脚跟进；左手翻掌向下，左臂平屈胸前，右手向左上划弧，掌心转向上，与左手成抱球状；平视前方。

② 交替步。上体后坐，身体重心移至右腿，上体先向右转，面向右前方，眼看右手；提起左脚脚跟。

③ 虚步亮掌。左脚稍向前移，脚尖点地，成左虚步，同时上体再微向左转；两手随转体慢慢向右上和左下分开，右手上提停于右额前（60°～75°），掌心向左后方；左手落于左胯前，掌心向下，指尖向前；目随身转至正前方平视。

要点 在步法变换过程中重心高度不变，保持立身中正，两肩、两肘下沉，两手臂成圆弧形。

白鹤亮翅正面

4. 左右搂膝拗步

（1）搂膝拗步一

① 向左侧抱。下盘保持
不动，腰向左微转，带动右手从右斜
上方向下划弧落至左肩内侧，掌心向
下；同时左手外旋翻转，掌心向上，
撩托起至左侧与耳同高；头随腰转，
目平视左手。

正面图

② 向右侧抱。腰向右微转，带动左手经
上划弧落至右肩内侧，掌心向下；右
手向下按掌在腹前外旋翻掌，撩托至
右侧与耳同高，掌心向上；在右手翻
掌撩托的同时收左脚成丁步；头随腰
转，目平视右手。

撩托
是以手掌向上挑起支撑之意。

正面图

119

③ 虚步拦掌。出左脚成左虚步；同时左
手从肩按压至腰前，手臂微屈坠肘；
右肘回收，手指指向耳，掌心斜向胸
内；目视虚步前方。

坠肘
肘尖向下，与地垂直。

侧面

正面

④ 弓步搂推。重心前移成左弓
步，上体左转；同时右手向前
推出，与肩同高，左手向下从
左膝前搂过落于左胯旁，指尖
向前；目穿右手虎口远视。

要点 搂手、推掌动作与重心前
移协调一致，同步到位；
立身中正，肘关节微屈下
沉；左掌搂完至下按；右
掌由耳侧向前推出过程
中，手腕由直逐渐坐腕立
掌，由开始的手指向前穿
变为最后的掌根前推。

（2）搂膝拗步二

① 重心平移回坐。右腿慢慢屈膝，上体后坐，身体
重心移至右腿，左脚尖翘起；上肢姿势不变。

② 丁步侧抱。左脚尖微向外撇（约60°），身体左
转，随后身体重心平移至左腿，右脚跟蹬收到左
脚内侧，脚尖点地；同时左手由左后向上划弧至
左肩外侧，肘微屈下坠，手与耳同高，掌心斜向
上，右手随转体向上、向左下划弧落于左肩前，
掌心向下；目向左手方向平视。

③ 虚步拦掌。出右脚成右虚步；同时右手
　从肩按压至腰前，手臂微屈坠肘；左肘
　回收，手指指向耳，掌心斜向胸内；目
　视虚步前方。

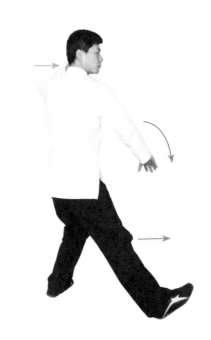

④ 弓步搂推。重心前移成右弓步，上体右
　转；同时左手向前推出，与肩同高，右
　手向下从右膝前搂过落于右胯旁，指尖
　向前；目视前方。

（3）搂膝拗步三

① 重心平移回坐。左腿慢慢屈膝，上体后坐，身体重心移至左腿，右脚尖翘起；上肢姿势不变。

② 丁步侧抱。右脚尖微向外撇（约60°），身体随右转，左脚脚跟蹬伸，右腿慢慢前弓，脚掌慢慢踏实，身体重心慢移至右腿；左脚收到右脚内侧；同时右手向外翻掌由下向上划弧至右肩外侧，肘微屈下坠，手与耳同高，掌心斜向上，左手随转体向右划平弧落于右肩内侧，掌心斜向下；目平视右手。

③ 虚步拦掌。出左脚成左虚步；同时左手从肩按压至腰前，手臂微屈坠肘；右肘回收，
手指指向耳，掌心斜向胸内；目视虚步前方。

④ 弓步搂推。重心前移成左弓步，上体左转；同时右手向前推出，与肩同高，左手向下从左膝前搂过落于左胯旁，指尖向前；目视前方。

完整练习提示：三次动作的迈步方向为左右30°，成小之字形路线；完整练习各步骤要平稳、匀速且连贯，但不要漏做重心后移、脚尖外摆的衔接过程。

5. 手挥琵琶

① 顺势跟步。重心随弓步推掌动作继续前移,右脚跟进半步脚尖点地,右手不变,左手随着右脚移动而上提至左肩前,与肩同高;目从右手转而平视左手。

② 后坐摆掌。右脚跟内扣下落,右脚向前偏右约60°,身体重心移至右腿上,上体微向右转,同时左右手掌心均向右外摆,左手摆在胸前,右手摆向右侧;目平视左手前方。

③ 出左脚，脚跟着地成左虚步，脚尖翘起；右膝部放松微屈，坐胯，身转正；沉左肩、屈臂坠肘，坐腕，立左手，与鼻尖平，掌心向右，右手从右侧向下再上提划弧收回至左臂肘部，掌心向左，两手臂虚合胸前；目平视前方。

> 要点 保持立身中正，在步法变换过程中落步要轻，重心高度不变，两肩、两肘下沉，两手臂成圆弧形。

6. 左右倒卷肱

（1）倒卷肱一

① 转体托掌。下盘不动，上体右转，右手翻掌（掌心向上）经腰侧由下向后上方划弧平举（约135°），臂微屈，坠肘；左手随即翻掌向上；两手与肩同高，视线随着向右转体而向右手方平视。

> 要点 上体右转不要太多，右手向后上托掌，双臂保持自然弯曲，配合含胸拔背合抱成圆弧。

② 撤步收肘。左腿轻轻提起向后（偏
  左）退一步，前脚掌先着地，身体重
  心在右腿不变；同时右臂屈肘折向前
  到耳侧，掌心斜向胸内侧；目平视左
  手前方。

③ 退步推掌。左脚（约60°）脚跟内扣，
  然后全脚慢慢踏实，身体重心平移后
  坐至左腿上，右脚随转体以脚掌为轴
  蹬扭正，脚跟离地，成右虚步；同时
  右手由耳侧向前坐腕推出，掌心向
  前，左臂屈肘后撤，左手回抽至左腰
  侧，掌心向上；目平视前方。

  要点 退步时，左脚向左后方斜向插
       步，避免两腿落在同一直线上；
       右手推掌不要完全伸直，保持肘
       关节微微弯曲，肘尖自然下垂，
       做到沉肩垂肘；右手前推和左手
       回抽要配合转体，在胸前相对交
       错进行与重心回坐前脚蹬转正协
       调一致，同步完成。

（2）倒卷肱二

① 转体托掌。下盘不动，上体左转，左手翻掌（掌心向上）经腰侧由下向后上方划弧平举（约135°），臂微屈坠肘；右手随即翻掌向上；两手与肩同高，视线随着向左转体向左手方向平视。

② 撤步收肘。右腿轻轻提起向后（偏右）退一步，前脚掌先着地，身体重心在左腿不变；同时左臂屈肘折向前到耳侧，掌心斜向胸内侧，目平视右手前方。

③ 退步推掌。右脚（约60°）脚跟内扣，然后全脚慢慢踏实，身体重心平移后坐至右腿上，左脚随转体以脚掌为轴蹬扭正，脚跟离地，成左虚步；同时左手由耳侧向前坐腕推出，掌心向前，右臂屈肘后撤，右手回抽至腰侧，掌心向上；目平视前方。

（3）倒卷肱三

① 转体托掌。下盘不动，上体右转，右手翻掌（掌心向上）经腰侧由下向后上方划弧平举（约135°），臂微屈坠肘；左手随即翻掌向上；两手与肩同高，眼的视线随着向右转体向右手方平视。

② 撤步收肘。左腿轻轻提起向后（偏左）
　　退一步，前脚掌先着地，身体重心在右
　　腿不变；同时右臂屈肘折向前到耳侧，
　　掌心斜向胸内侧，目平视左手前方。

③ 退步推掌。左脚（约60°）脚跟内扣，
　　然后全脚慢慢踏实，身体重心平移后坐
　　至左腿上，右脚随转体以脚掌为轴蹬扭
　　正，脚跟离地，成右虚步；同时右手由
　　耳侧向前坐腕推出，掌心向前，左臂屈
　　肘后撤，左手回抽至腰侧，掌心向上；
　　目平视前方。

（4）倒卷肱四

① 转体托掌。下盘不动，上体左转，左手翻掌（掌心向上）经腰侧由下向后上方划弧平举（约135°），臂微屈坠肘；右手随即翻掌向上；两手与肩同高，视线随着向左转体向左手方向平视。

② 撤步收肘。右腿轻轻提起向后（偏右）退一步，前脚掌先着地，身体重心在左腿不变；同时左臂屈肘折向前到耳侧，掌心斜向胸内侧，目平视右手前方。

③ 退步推掌。右脚（约60°）脚跟内扣，然后全脚慢慢踏实，身体重心平移后坐至右腿上，左脚随转体以脚掌为轴蹬扭正，脚跟离地，成左虚步；同时左手由耳侧向前坐腕推出，掌心向前，右臂屈肘后撤，右手回抽至腰侧，掌心向上；目平视前方。

> **完整练习提示**　在向后退步的过程中，支撑腿要保持一定的弯曲度，使重心在移动中保持水平状态，没有上下起伏；转体托掌和退步推掌要连贯完成，中间不要有停顿。

7. 左揽雀尾

① 转体丁步抱球。身体重心落在右腿上，上体向右转，左脚收到右脚内侧，脚尖点地成丁步；同时，左手自然下落逐渐翻掌经腹前划弧至腹前，掌心向上，手指向右，右手由腰间向右向上弧线撩掌，至肩高时右臂屈肘，手掌收至右胸前，掌心转向下，手指向左，两手相对成抱球状；目平视右手。

② 弓步掤。上体微向左转，左脚向左前方迈出，脚跟
着地成左虚步；上体继续向左转，左腿屈膝，右腿
自然蹬直，成左弓步；同时左臂向左前方掤出（即
左臂平屈成弓形，用前臂外侧和手背向前方推出，
高与肩平，掌心对胸口），右手向右下落按于右胯
旁，掌心向下，指尖向前；目平视前方。

> **要点** 迈步时不要急于做上肢动作，掤要配合重心前
> 移完成，做到手脚同时到位；左臂自然弯曲，
> 右臂微屈外撑，配合胸微微内含，形成圆滑的
> 弧形。

掤

为多音字，①[bīng]、
②[bēng]，"掤"字在太极拳
之中念[péng]，支撑之意。

③ 后坐捋。身体微向左转，左手随即向左前摆伸，手指向前，掌心向下，同时右手翻掌向上，经腹前向上、向前伸至左臂下方；然后松胯屈右膝，重心移至右腿，蹬伸左腿，右转；同时两手下捋至腹前；上体向右转，右手继续向后上方划弧，直至右手高与肩平，掌心向侧上，同时左手沿身体右侧上升直，左臂平屈于胸前，掌心向侧后，即两手托掌送出；目随右手转而平视。

要点 双手左前摆伸时，上体不要前俯，身体只配合微微左转；双手回拖时要配合身体右转从左上方向右下方弧线斜带，不可直线回抽，向后送出时继续转腰，双手放松即可。

④ 弓步挤。上体微向左转，右臂
屈肘折回，右手立附于左手腕
里侧。

⑤ 右腿蹬伸，身体重心逐渐移向左脚，变
成左弓步，同时上体继续向左转；双手
向前慢慢挤出，左掌心向后，右掌心向
前，左前臂要保持半圆；目平视前方。

⑥ 后坐收掌。两手顺势前伸，翻掌
　　向下，右手贴合在左手腕上。

⑦ 右手经左腕上方向前、向右伸出，双手手
　　指向前，掌心向下，与肩同高，两手左右
　　分开，与肩同宽、同高。

⑧ 松胯右腿屈膝，左脚蹬伸，上体慢慢后
　　坐，身体重心平移至右腿上，左脚尖翘
　　起；同时两手屈肘回收至腹前，掌心均向
　　前下方；目平视前方。

⑨ 弓步按掌。上动不停，右腿蹬伸，身体重心慢慢前移，左腿前弓成左弓步；同时两手向前、向上按出，掌心向前；目平视前方。

要点 按掌不要完全伸直，保持肘关节微微弯曲，肘尖自然下垂，做到沉肩垂肘；后坐收掌后两手不要停顿，继续按掌。

8. 右揽雀尾

① 转体丁步抱球。上体不变，松胯，右腿屈膝，左脚蹬伸，上体慢慢后坐，身体重心平移至右腿上，左脚尖翘起，成左虚步。

② 左脚尖里扣（约135°）；右手经体前向右在水平面划弧至右侧，左手微向右摆，双臂肘关节微屈，双手保持立掌，掌心向斜前方，两手臂成抱弧状；目随右手转平视。

137

③ 身体重心移至左腿上，右脚收至左脚内侧，脚尖点地成右丁步；同时右手由右下经腹前向左上划弧至左肋前，掌心向上；左臂屈肘后平屈于胸前，左手掌心向下与右手成抱球状；目平视。

> **要点** 重心移动过程要做清楚，做到虚实分明；双掌分开后，不要伸太直，保持自然弯曲，微微向前合抱成弧形。

④ 弓步掤。上体微向右转，右脚向右前方迈出，脚跟着地，成右虚步。

⑤ 上体继续向右转，左腿自然蹬直，右腿屈膝，成右弓步；同时右臂向右前方掤出（即右臂平屈成弓形，用前臂外侧和手背向前方推出，高与肩平，掌心向后），左手向左下落按于左胯旁，掌心向下，指尖向前；目平视前方。

⑥ 后坐捋。身体微向右转，右手随
　即向右前摆伸，手指向前，掌心
　向下，同时左手翻掌向上，经腹
　前向上、向前伸至右前臂下方。

⑦ 松胯屈左膝，重心移至左腿，蹬伸右腿，
　腰微右转；同时两手下捋至腹前。上体向
　左转，左手继续向后上方划弧，直至肩
　平，掌心向侧上，同时右手沿身体左侧上
　升直至左臂平屈于胸前，掌心向侧后，即
　两手托掌送出。

⑧ 弓步挤。上体向右转，左
　臂屈肘折回，左手立附于
　右手腕里侧。

139

⑨ 左腿蹬伸，身体重心逐渐移向右脚，变
　成右弓步，同时上体继续向右转；同时
　双手向前慢慢挤出，右掌心向后，左掌
　心向前，右前臂要保持半圆；目平视
　前方。

⑩ 后坐收掌。两手顺势前伸翻掌，掌
　心向下，左手贴合右手腕上。

⑪ 右手向前、向右伸出，双手手指向前，掌
　心向下，与肩同高，两手左右分开，与肩
　同宽、同高。

⑫ 松胯，左腿屈膝，右脚蹬伸，上体慢慢后坐，身体重心平移至左腿上，右脚尖翘起；同时两手回收至腹前，掌心均向前下方；目平视前方。

⑬ 弓步按掌。左腿蹬伸，身体重心慢慢前移，右腿前弓成右弓步；同时两手向前、向上按出，掌心向前；目平视前方。

完整练习 提示

揽雀尾由"掤、捋、挤、按"四个动作组成，四个动作在衔接上要做到势势相连，动作的虚实转换、姿势变化都要连贯一气，不停顿；在动作过程中，身体重心平稳；注意区别两次重心后坐时的脚尖动作，"捋"时前脚全脚掌着地，"按"时前脚脚尖翘起。

9. 单鞭

① 转体侧抱。松胯屈左膝，右脚蹬伸；同时上体左转，两手（左高右低）向左弧形运转，左手向左摆掌，掌心斜向下，右手运至右肋前，掌心向左；向内扣右脚尖（约135°）；左手平云直至左臂平举，伸于身体左侧，右手运至腰前，掌心向上方；目随左手转平视。

> **要点** 上体左转和重心左移同时进行，边移边转；双手左移划弧过程中，掌心向后，左手经面部前，后边云手边向外翻掌，掌心向外，右手经腹前。

② 丁步勾手。左脚蹬地，身体重心再渐渐移至右腿上，上体右转，左脚向右脚内侧靠拢，脚尖点地，成左丁步；右手随上体右转经面部前方向右上方划弧，掌心向内，经面部后边向右边变成勾手，勾尖向下，臂与耳平，左手向下经腹前向右上划弧停于右胸前，掌心向上；转体过程中目随右手转平视，最后目平视左手。

> **要点** 收腿动作要在重心右移到右腿后再左脚成左丁步。

③ 虚步云掌。左脚向左前侧迈出，脚跟着地，成左虚步；上体微向左转；同时左掌随上体的左转经面部慢慢平移向左侧，掌心向上。

要点 出手出脚同时进行，同时到位。

④ 弓步推掌。右脚跟后蹬，左脚掌慢慢踏实，身体重心平移向左腿，成左弓步；同时左掌慢慢翻转向前推出，掌心向前，与肩同高，微屈坠肘，右手勾手不变；目平视前方。

要点 移重心、弓步与推掌同时进行，同时到位。

完整练习提示 转体扣脚和丁步勾手动作连贯完成，双手走圆滑的弧线；目光跟随上面的手。

10. 云手

（1）云手一

① 转体侧抱。松胯，右腿屈膝，左脚蹬伸，身体重心移至右腿上，身体渐向右转，左脚尖里扣（约90°），成侧弓步；左手向下划弧经腹前至腰前，掌心向上；同时右手松勾手变立掌，掌心向右前；目沿右手平视。

要点 立身中正，重心平移，两手互转抱球相牵相系。

② 并步向左云手。上体慢慢左转，身体重心经马步随之向左平移。左手掌心渐渐外翻转向左方，右手向右下经腹前向左上划弧，至左腰前，掌心向上；右手向下划弧至腹，掌心斜向左上方；同时左手向上划弧经面前，掌心斜向右下；两手形成互抱球状；蹬右脚脚掌，收右脚靠近左脚，成小开立丁步（两脚距离10～20厘米）；目平视前方。

要点 收脚时立身中正，重心平稳，目随左手，两手互抱球相牵相系。

（2）云手二

① 开步向右云手。落右脚，重心平移至右脚，提左脚脚跟，成小开立步形丁步，随之左腿向左横跨一步；身体微向右转，右手向上划弧至面前，左手向下划弧至左腹前，两手互换抱球，相牵相系；上体继续向右转，身体重心完全平移到右脚上；同时左手经腹前向右上划弧至右胸前，掌心向上，右手经面部边向右侧运转边掌心外翻，到右侧后立掌。

（3）云手三

② 并步向左云手。重复动作。

① 开步向右云手。重复动作。

② 并步向左云手。

完整练习 提示

身体转动时要以腰为轴；向左移动的整个过程中重心要保持同一高度；两臂随腰运转，自然圆活，均匀缓慢，三个云手的手部动作连贯，互换抱球划圆，不停顿；右手沿顺时针方向划圈，左手沿逆时针方向划圈，当手运行至面部前时为最高点，掌心向面部，前臂竖立，手指向上，与眼同高，当手运行至腹前时为最低点，双臂肘关节保持自然弯曲，不可僵直。

11. 单鞭

① 丁步勾手。落右脚，重心平移至右脚上，左脚跟慢慢提离地面，脚尖点地，成左丁步；同时上体向右转；右手随上体右转经面部向右上方划弧至右侧方，变成勾手，与耳同高，勾尖向下，左手向下经腹前向右上划弧停于胸前，左掌内翻，掌心向上；转体过程中目随右手转，最后平视在左手方向。

② 虚步云掌。左脚向左前侧迈出，脚跟着地，成左虚步；上体微向左转；同时左掌随上体的左转经面部慢慢平移向左侧，掌心向上。

③ 弓步推掌。右脚跟后蹬，左脚掌慢慢踏实，身体重心平移向左腿，成左弓步；同时左掌慢慢翻转向前推出，掌心向前，与肩同高，微屈坠肘，右手勾手不变；目平视前方。

完整练习 提示 云手后，不停顿，顺势划弧完成单鞭，使整个动作一气呵成，但动作要匀速缓慢；其余见本组动作的第一个单鞭。

12. 高探马

① 跟步翻掌。重心继续向前平移，右脚跟进半步，脚尖点地，成后丁步；同时身体微向右转；右勾手变成掌，两手掌心翻转向上，两肘弯曲下坠；目平视右手前方。

要点 在跟步前，身体重心先微微向左脚移动，但不要升高，把重心控制在左脚，使跟步时重心平稳。

② 丁步转换。落右脚，脚跟内扣（约60°），
重心平移至右脚上，左脚跟慢慢提离地面，
脚尖点地，成前丁步；同时收右肘，右手指
尖收至耳旁，掌心向胸内侧；随收肘转头，
目平视前方。

③ 虚步推掌。上体微向左转；右掌经右
耳旁向前推出，掌心向前，掌与肩同
高，左手收至左侧腰前，掌心向上；
同时左脚微向前移，脚尖点地，成左
虚步；目平视前方。

要点 上体自然正直，沉肩垂肘。

正面

13. 右蹬脚

① 左手穿掌。收左脚成丁步；左掌心向
上，穿右手搭于右手腕背面，两手相
互交叉，掌背相叠；目平视。

② 迈步分掌。左脚提起向左前方进步（脚
尖略外撇），身体重心前移，右腿自然
蹬直，成左弓步；同时左手翻掌向外，
双手向两侧架掌分开；目视前方。

> **要点** 迈步的脚离地不要太高，步幅要
> 小，落脚时脚跟先着地，然后慢
> 慢踏实；两手外分时在身体斜前
> 方走弧线，肘关节下坠保持适当
> 的弯曲度。

149

③ 跟步合抱。上动不停，重心继续
前移至左腿，接着蹬右脚，向左
脚内侧靠拢，脚尖点地，成右后
丁步；两手向下划弧，两手交叉
合抱于腹前，右手在外，掌心均
向上；目视左前方。

> **要点** 双手向下划弧时身体不要
> 前俯，重心平稳，收腿动
> 作要慢。

④ 提膝捧掌。上动不停，蹬伸左腿，重心慢
慢升起，右腿屈膝提起，踝关节自然放
松；两手掌从腹前捧至胸前，掌心向内；
目视右前方。

正面

⑤ 蹬腿分架。右脚脚跟向右前方慢慢蹬出，勾脚尖；同时两臂左右划弧微微分开，肘部弯曲，两手立掌外翻，两掌左右推出；目视右手。

要点 重心升高后，上体要直立，不可为了右腿抬高而后仰身体；蹬腿动作完成后，两腿膝关节微屈，右脚脚尖勾紧；两手推掌不要推成直线，微向斜前推出，使双手保持在一个圆弧上，右手与右脚方向一致，做到上下呼应。

完整练习 提示 以高探马面对方向为正前方，右蹬脚迈步动作向前，蹬腿方向约为右30°。

14. 双峰贯耳

① 收腿合掌。右腿屈膝收回，踝关节自然放松；两手翻掌掌心向上，左手由后侧平摆至体前，双手掌沿相对，与肩同高，距离同肩宽，坠双肘微下落回收；目视前方。

② 迈步收掌。屈左膝，降重心，右脚
　伸膝向右前方迈出，脚跟着地，成
　右虚步；两手同时向下划弧分落于
　髋两侧；目视前方。

要点 迈步方向是右蹬脚蹬脚方向
　　　约再向右15°左右。

③ 弓步贯拳。左腿蹬伸，身体重心渐渐前
　移，成右弓步，面向右前方；同时两手
　慢慢变拳，分别从两侧向上、向前划弧
　至面部前方，成钳形，两拳高与耳齐，
　拳眼都斜向前下（两拳中间距离15～20
　厘米）；目视两拳之间。

要点 两手向前贯拳时，伴随划弧动
　　　作，双臂坠肘，前臂逐渐内旋；重
　　　心前移与贯双拳同步且同时到位。

15. 转身左蹬脚

① 转身扣脚。松胯，屈左膝，右脚蹬伸，身体重心平移回坐至左腿，上体左后转，右脚尖里扣（约90°）；上体不变；目平视。

要点 移重心同时转体。

② 收腿合抱。上动不停，落右脚，左腿蹬伸，身体重心再平移至右腿，左脚收到右脚内侧，脚尖点地，成左丁步；同时两手由拳变掌向下划弧合抱于腹前，左手在外，掌心均向上；目视前方。

要点 收腿动作不要太早、太快，当重心完全控制在右腿上时再收腿，以保持身体平稳；重心左右移动时不要有起伏。

③ 提膝捧掌。蹬右腿，重心慢慢升起，左腿屈膝提起，踝关节自然放松；同时从腹前捧至胸前；目视左前方。

④ 蹬腿分架。上动不停，左脚脚跟向左前方慢慢蹬出，勾脚尖；同时两臂左右划弧微微分开，肘部弯曲，两手立掌外翻，两掌左右推出；目视左手。

> **完整练习 提示** 转身动作时上体转动要约大于90°，最后左脚蹬腿方向与右蹬脚的蹬腿方向相反，夹角约180°，连贯练习时不要忽略了重心移动，重心移动时要虚实分明。

16. 左下势独立

① 收腿勾手。屈右膝，重心下降，左腿收回下落，脚尖点地，成左丁步；上体微右转；右掌变成勾手，勾尖向下，左手向右划弧下落，立于右胸前，掌心斜向上；目随左手转平视。

② 仆步穿掌。上动不停，右腿慢慢屈膝下蹲，左腿由内向左侧（偏后）伸出，成左仆步；左手沿身体右侧下落至腹前，然后向左下顺左腿内侧向前穿出（掌心向外，手指向前，手掌拇指侧向上），右手微微下落；目随左手转平视。

要点 仆步时左腿不要伸太远，以便把重心完全控制在右腿上；两脚全脚掌抓地，左脚脚尖内扣。

④ 弓步按掌。左腿前弓，重心向前平移，勾右脚，脚尖内扣，胯向左转，右腿后蹬，成左弓步；右肩内旋，右手勾直，勾尖向上，左肩微内旋，坠肘挑掌坐腕；目平视左手方。

③ 弓步挑掌。左脚以脚跟为轴脚尖尽量向外撇，身体重心前移，左腿前屈，右腿蹬起；同时左臂继续向前上弧线穿出，掌心向右，右勾手微下落；目平视左手方向。

⑤ 提膝挑掌。身体重心继续前移至左腿，右脚以前脚掌为轴脚跟后顺，上体微向左转并向前起身，右腿慢慢提起平屈，成左独立式，踝关节放松；同时右勾手变掌，由后下方顺右腿外侧向前弧形挑出，屈臂立于右腿上方，肘与膝相对，掌心向左，左手下落按于左胯旁，掌心向下，指尖向前；目平视右手。

要点 重心升高和提膝动作要在重心完全移至左腿后再做，以便控制身体平衡；提膝和挑掌动作要配合重心上升同步完成。

完整练习提示 整个动作中间没有定势，各步骤要连贯完成；左手回收、前穿的路线在同一圆滑的弧线上。

17. 右下势独立

① 落脚转体。上体不变，右脚下落于左脚前，前脚掌着地；以左脚前脚掌为轴转动脚跟，身体随之左转，成右侧丁步；同时左手向后平举变成勾手，勾尖向下，右掌随着转体向左侧划弧，立于左肩前，掌心斜向下；目平视左手方向。

② 仆步穿掌。上动不停，左腿慢慢屈膝下蹲，右腿由内向右侧（偏后）伸出，成右仆步；右手沿身体左侧下落至腹前，然后向右下顺右腿内侧向前穿出（掌心向外，手指向前，手掌拇指侧向上），左手微微下落；目随右手转平视。

要点 仆步时右腿不要伸太远，以便把重心完全控制在左腿上；两脚全脚掌抓地，右脚脚尖内扣。

③ 弓步挑掌。右脚以脚跟为轴，脚尖尽量向外撇，身体重心前移，右腿前屈，左腿蹬起；同时右臂继续向前上弧线穿出，掌心向左，左勾手微下落；目平视右手方向。

④ 弓步按掌。右腿前弓，重心向前平移，勾左脚，脚尖内扣，胯向右转，左腿后蹬，成右弓步；左肩内旋，左手勾直，勾尖向上，右肩微内旋，坠肘挑掌坐腕；目平视右手方向。

⑤ 提膝挑掌。身体重心继续前移至右腿，左脚以前脚掌为轴脚跟后顺，上体微向右转并向前起身，左腿慢慢提起平屈，成右独立式，踝关节放松；同时左勾手变掌，由后下方顺左腿外侧向前弧形挑出，屈臂立于左腿上方，肘与膝相对，掌心向右，右手下落按于左胯旁，掌心向下，指尖向前；目平视左手。

18. 左右穿梭

（1）左穿梭

① 丁步抱球。屈右膝，重心慢慢下降，左脚向左前落地，脚跟着地成虚步，身体微向左转；同时右手向左翻掌向腹前搂抱，掌心向上，左手自然下落于胸前，坠肘，掌心向下，两手在左胸前成抱球状。

② 松屈左膝，蹬伸右脚，将重心平移至左脚，右脚收到左脚的内侧，脚尖点地，成右虚步；目平视左前臂方向。

③ 虚步挑掌。右脚向右前方迈出，脚跟着地，同时右手由下弧形向上挑掌，至右斜上方（约60°），掌心斜向上，左手向左下落至左肋。目平视右斜前方。

要点 立身中正，保持重心左腿不变，出右步、挑右掌、落左掌，同时进行同时到位。

④ 弓步架推。松胯，屈右膝，然后左腿蹬伸，脚跟后顺，成右弓步，身体右转；同时翻架右掌，左手从左肋再随重心前移成立掌向前推出，与肩同高，掌心向前；目平视左手方向。

要点 右手上架和左手前推的动作速度要与重心前移的速度协调一致，做到手脚同时到达；左手不要推得过直，肘关节下坠微屈；推掌完成时，上体不要前倾和侧倾，两肩保持相同高度。

（2）右穿梭

① 丁步抱球。松胯，屈左膝，身体重心略向后平移，右脚尖稍向内扣，随即身体重心再平移至右腿，左脚跟蹬进，停于右脚内侧，脚尖点地，成左丁步；同时左手弧线下落向腹前搂抱，掌心向上，右手自然下落于右胸前，掌心向下，两手在右胸前成抱球状（右上、左下）；目平视前方。

② 虚步挑掌。左脚向左前方迈出，脚跟着地，同时左手由下弧形向上挑掌，至左斜上方（约60°），掌心斜向上，右手向下落至右肋。目平视左斜前方。

要点 立身中正，保持重心在左腿不变，出左步、挑左掌、落右掌，同时进行同时到位。

③ 弓步架推。松胯，屈左膝，然后右腿蹬伸，脚跟后顺，成左弓步，身体左转；同时翻架左掌，右手从右肋再随重心前移成立掌向前推出，与肩同高，掌心向前；目平视。

要点 左手上架和右手前推的动作速度要与重心前移协调一致，做到手脚同时到达；右手不要推得过直，肘关节下坠微屈；推掌完成时，上体不要前倾或侧倾，两肩保持相同高度。

完整练习 提示 左右两次迈步的方向与正前方成45°夹角，之字形前进；连贯练习时不要漏做左右穿梭的衔接过程，特别注意重心后坐，脚尖微内扣。

19. 海底针

① 后丁步拦掌。身体微向右转，重心继续向左腿平移，蹬伸右脚，顺势向前跟进半步，脚尖点地，成后丁步；右手下落按于右腰前，掌心向下，手指向前，左手顺势下落，按在左胸正前方；目平视前方。

要点 收右脚丁步、拦左掌、按右掌同时进行，同时到位。

② 前丁步提掌。落右脚，身体重心后移至右腿，左脚跟微微提离地面，成前丁步，身体稍向右转；重心后移时，右手从腰间向后上划弧上提抽至耳旁，掌心向内，手指斜向下（约45°），左手自然下落至胸腹前按掌；目随右手转视，再顺左手看前下方。

反面

③ 虚步插掌。屈右膝，重心下坐，上体转正，左脚稍向前落，脚尖点地，成左虚步；随身体左转，顺势左手向下划弧搂膝按于左胯旁约20厘米，掌心向下，指尖向前；右手由右耳旁斜向前下方插出，掌心向左，指尖斜向下；目视前下方。

要点 插掌时上体顶直。

20. 闪通臂

① 丁步提掌。上体坐正稍向右转，左脚回收，脚尖点地，成左丁步；同时左手四指搭在右手腕内侧，双手上提至右额前，右手掌心向里，四指朝前；目平视前方。

② 虚步架掌。出左脚向正前偏左，脚跟点地，成左虚步；同时两手分架开，左手立掌开于左胸前，右手外翻于右额头斜上方，掌心朝外；目平视前方。

③ 弓步架推。松胯，屈左膝蹬右脚，重心平移向前，弓腿成左弓步；同时右手继续向外架掌，屈臂上举，停于右额前上方，掌心斜向上，拇指朝下，左手由左胸前向前平推出，高与肩平，掌心向前；目平视前方。

完整练习提示：注意不要同左右穿梭的动作相混淆，此处的推掌和弓腿动作是同侧的，而左右穿梭的推掌和弓腿动作是异侧的。

21. 转身搬拦锤

① 转身架掌。松胯，屈右膝，左脚蹬伸，重心平移回坐到右腿上，左脚尖里扣（约135°），身体向右后转；同时右手从头上向右弧线下落，右手立掌平举，左掌上举于头前，掌心斜向上；目视右手前方。

② 丁步裹拳。松胯，屈左膝，右脚蹬伸，身体重心再平移至左腿上，身体微左转，收右脚，脚尖点地成右丁步；与此同时，右手随着转体向下裹拳，拳背向里；目平视右臂前方。

③ 虚步搬拳。上动不停，出右脚，脚跟点地，成右虚步；右拳经胸前向前翻转搬出，拳背斜向下，左手下按于左胯旁，掌心向下，指尖向前；目平视右拳方向。

正面

④ 上步拦掌。外摆右脚、脚尖外撇，屈右膝，蹬左脚，身体重心向前平移至右腿上，左脚向前迈一步，脚跟着地，成左虚步，身体右转；左手上起经左侧向前上划弧横向拦于胸前，掌心向前下方；同时右拳向右划弧收到右腰旁，拳心向上；目平视前方。

165

⑤ 弓步冲拳。松胯，屈左膝，右腿蹬伸，重心
  向前平移，左腿前弓成左弓步；同时右拳向
  前立拳冲出，拳眼向上，高与胸平，左手微
  微回收附于右前臂内侧，指尖向上；目
  平视。

要点 拳握实，但不要太紧。

完整练习提示 转身和搬拳时双手动作路线可理解为同时在身体左侧顺时针划立圆；上步横拦时双手动作路线可理解为同时在齐腰高的水平面上顺时针划平圆。

② 右拳变掌，两手翻掌，掌心向上，与胸同
  高，左手贴右手背并慢慢分开，距离同肩
  宽；目平视双手。

22. 如封似闭

① 前穿分掌。左手由右腕下向
  前伸出，掌心向外。

③ 后坐收掌。松胯，右腿屈膝，左脚蹬伸，上体慢慢后坐，身体重心平移至右腿上，左脚尖翘起；同时前臂内旋，两手翻掌，屈肘回收至腹前，掌心均向前下方；目平视前方。

> **要点** 重心后移时，上体保持正直，不要后仰；收掌至腹前的动作不可直线收回。

④ 弓步按掌。右腿蹬伸，身体重心慢慢前移，左脚掌踏实，左腿前弓成左弓步；同时两手向前、向上按出，掌心向前；目平视前方。

> **要点** 推掌不要完全伸直，保持肘关节微微弯曲，肘尖自然下垂，做到沉肩垂肘。

> **完整练习提示** 注意同"揽雀尾"的"按"相区别，"按"收掌时掌心是向前的，而"如封似闭"的后坐收掌是掌心向后的。

23. 十字手

① 扣脚转掌。松胯，右腿屈膝，左脚蹬伸，上体慢慢后坐，身体重心平移至右腿上；身体微右转，左脚尖翘起，里扣约45°；同时两手随身体右转跟着平转，掌心向前，肘部下坠微屈；目随两手转视。

② 转体分掌。身体继续右转，右脚尖随着转体稍向外撇；右手随着转体动作向右平摆划弧，与左手成两臂侧平举，两手臂呈圆弧形；目视右手前方。

要点 右手平摆动作要用身体右转带动，做到以腰带手；重心平移，不要有起伏；脚尖扣转后均向前。

③ 收腿合抱。松胯，左腿屈膝，右脚蹬伸，上体慢慢坐向左腿，身体重心平移至左腿上，扣右脚，两脚脚尖均向前；两手前臂外旋向下划弧抱至胸前，成十字手，两臂抱圆，右手在外，两手掌心均向里；目平视。

④ 上体不动，重心继续向左脚平移，右脚蹬收，脚尖点地，两脚与肩同宽。

⑤ 右脚跟落正，同时左脚尖和上体也都转正，两脚距离与肩同宽，撑膝圆裆，腕高与肩平，右手在外，掌心均向后；目平视前方。

要点 双手向下划弧时重心不必下降，上体保持正直，不要前俯或低头；双手合抱时须圆满舒适，沉肩垂肘；重心升起要在收腿完成后进行，避免边收腿边站起。

24. 收势

① 两手向外翻掌，掌心向下。

> **要点** 双手翻掌动作是水平翻转，手指始终向前；双掌下落时，手臂动作按沉肩、降肘、落手的顺序进行，不要做成按掌。腿上动作也要按胯、膝、踝的顺序进行，节节贯穿控制才能使重心移动平稳，上体不晃，直至还原到预备站姿。

③ 重心平移至右腿，提左脚脚跟。

② 沉肩，坠肘，两臂慢慢下落，停于身体两侧。

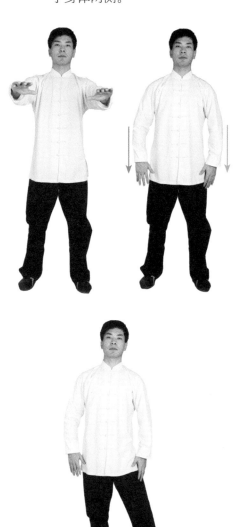

④ 提起左脚脚尖，离地约2厘米收至与右脚
尖贴合。

⑤ 落左脚成并步站立；还原到预备站姿。

简化
太极扇篇

第一段

预备

并步持扇

头顶百会上顶，脖颈拔直，下颌微收；脊柱顶直，两肩下沉，两臂自然垂于身体两侧，右手握扇首，扇根朝下，左手自然掌；两脚并拢，两腿伸直，胯向后微收；小腹放松，身体自然直立；目平视前方，意念集中。

要点 全身放松，头颈正直；意念集中，呼吸自然。

1. 起势

（1）两脚开立

左脚自然提起向左平行开步，与肩同宽；重心在两脚足弓中点；两臂微内旋，两掌心转向后；目平视前方。

要点 两腿似曲非曲，脚趾抓地，心静体松，气沉丹田。

173

（2）提臂起手

身体姿势不变，两臂由下向上缓缓提起，与肩同高、同宽；目平视前方。

要点 起手臂时要沉肩，肘关节放松。

（3）屈膝按掌

松胯，两腿屈膝，缓缓下蹲；同时两手缓缓下按与腹部同高，两肘下垂与两膝相对，掌跟、扇首下按，左手指尖、扇根朝上；目平视前方。

要点 屈膝下蹲时，保持身体中正，臀部要收敛，气沉丹田。

（4）转身抱弧

重心移于左脚，右脚脚尖外摆60°，坐胯，身体随右脚右转；两手经腹前提至胸前向外平行划弧；眼随右手。

要点 两手划弧前掌要先微下沉，先松胯收敛臀部，再转腰转身。

（5）丁步抱扇

右脚落实，将身体中心移到右脚，左脚收于右脚内侧，脚尖点地成丁步；同时身体转向正前方，两臂划弧收抱于腰间；左手掌心朝上托捧右手；目平视前方。

要点 脚和手要同时到位。

（6）虚步捧扇

左脚向前上步，脚后跟轻着地；同时两手微上提。

要点 步法要虚实分明，脚尖朝前，左膝微屈。两手臂要抱成圆。

（7）弓步捧刺

屈左膝，蹬右腿，重心前移，成左弓步；同时以扇根为力点，两臂朝正前方捧刺扇。

要点 由应步移成左弓步时，身体平移，不能有起伏。

（8）虚步抽扇

重心后移成虚步；左脚尖勾起；同时两臂向下划弧至腹前。

（9）马步下按

右腿支撑，左脚提起回收经右小腿内侧，向左侧开步，身体重心移到中间，成马步；同时，双手经腰两侧开臂沿弧线向上托至头的斜上方；两臂下按于腹前，左掌按在右手腕上方，掌心均向下；目平视前方。

要点 马步要松腰敛胯，气沉丹田，按掌的距离应离腹前约20厘米。

（10）虚步裹绕

① 左脚捻转微外摆，蹬右脚，身体左转约45°，重心平移于左腿；同时右手握扇随身体向左小臂下方内裹；目随扇走。

② 身体继续右转回正；右腿向左脚方
　向回收，弧度向前上步，脚跟点地
　成虚步；同时右手握扇经左小臂内
　侧随转身缠绕到腹前，左手托在右
　手背下方；目随扇走。

（11）虚步抛接扇

下肢动作不变；右手扇微微下沉，然后迅速向上
抛起，扇在空中倒转半圈，右手抓握扇根；左手继续
托在右手下方；目随扇走。

要点1 抛扇时要用腰带扇，缠绕过程中左手不离右
　　　手，扇随身走。

要点2 扇子抛接时从腹前抛起到面前，要有一定的高
　　　度，找准时机迅速抓握扇根。

2. 怀中抱月

（1）转身提步架扇

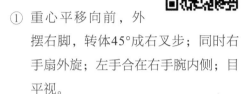

① 重心平移向前，外
摆右脚，转体45°成右叉步；同时右
手扇外旋；左手合在右手腕内侧；目
平视。

（2）点步开扇

蹬左腿起身，左脚尖落在右脚前方，成高虚步，身
体直立，重心在右腿；同时两臂从后至身体前划弧，右
手平开扇于胸前；右手臂与扇骨成一条线；左手止于身
体左侧成弧形，侧掌外撑，手指朝前，掌心朝外推；目
视扇与左手之间约45°方向，平视。

要点 整个动作饱满、协调一致。开扇迅速清脆，气势
刚阳。

② 重心完全移到右腿上，左腿由后向
前提，收在右小腿内侧，脚不落
地；同时右手扇弧线向上架举；目
随扇走，看扇首所指方向。

要点 手脚配合同步，收腿时要敛
臀，身体保持中正。

3. 燕子抄水

（1）提膝击扇

右腿支撑直立，左腿屈膝上提；同时右手朝头的右斜上方合扇击打，左手顺势合在右臂肘关节内侧；目视击扇方向。

（2）撤步下捋

屈右腿，撤左脚，重心左移成马步；同时右手扇内旋，两掌心朝下，两臂摆在体前，弧线下捋至腹前；眼随手走。

要点 下捋时两手之间距离不变，并且松腰坐胯，躯干和手臂动作要协调一致。

（3）丁步平捋

重心平移向左，再向右，收左脚至右脚内侧，脚尖点地，成左丁步；同时两臂继续向右划弧线再弧线平捋至胸前；目随手走。

（4）仆步穿掌

屈右腿，出左脚，重心下落成左仆步；同时两手划弧下穿，右手扇内旋，两掌心朝下，扇首与左手指尖均指向左；右手扇随左手一扇距离不变，穿扇，左手手指与扇首沿左腿内侧向前穿出；目随左手。

（5）叉步开扇

起身时重心前移至左腿，捻转左脚外摆约60°，左腿继续前弓，右脚跟蹬起，身体重心平移向前；右胯内扣，拧腰成左叉步，扇经胯侧由后向前送臂，同时快速立扇打开，左手立掌合于右臂肘关节内侧；目视开扇正前方。

要点 叉步应做到扣胯拧腰，意念想象动作要体现出身体高低起落像燕子抄水一般。

4. 顺水推舟

（1）提步蓄劲

身体重心前移到左腿，右腿提收置于左小腿内侧；同时两臂自然下落于腹前，扇形不变；目视正前方。

要点 松胯沉气于丹田，体现蓄力。

（2）弓步推扇

右腿向前上虚步，再平移重心成右弓步；同时右手立扇向前推出，左手立掌向后横掌推出；目视推扇正前方。

要点 动作如推水中舟，用整个身体的蓄力将舟向前推行，要有身体与舟成为一个整体平移的感觉。

5. 华佗垂帘

马步切扇

重心移到左腿，勾起右脚尖并内扣，使左右脚平行成高马步；重心下沉，坐胯成马步；同时两臂弧形向上合举，左手掌按右手背，两手内合以扇沿为力点向下切扇于腹前，两臂沉肩、坠肘撑圆，目随扇走。

要点 两脚踏实站稳，两臂自然上提，右手保持扇形。下切扇与沉身体重心要同时到位，协调一致，气沉丹田。

6. 黄莺落架

（1）左侧弓步捌扇

身体移重心成左弓步；
同时两手合臂向左斜上方举扇；目随扇走。

要点 身体与扇要同步向左移动。

7. 凤凰旋舞

（1）旋转平扫扇

① 起身成交叉半蹲步；同时以右手扇沿为力点，右臂内旋，朝后旋翻，握扇手掌心朝后，左臂随之合于右肩内侧；目视扇手。

（2）歇步亮扇

重心再移到右腿成右叉步，屈膝全蹲成右歇步；身体重心下落的同时腰向右转，两臂从头上方向两侧弧线打开下落，右手立扇，左手掌心朝上，左手略高于肩，右手略低于肩；目视扇方向。

要点 全身动作完成协调一致、柔和缓慢，连贯圆活。

② 右脚以脚后跟为轴，左脚以脚前掌为轴，两脚自然捻转；身体向左平转约360°，成左弓步，身体自然前送；右手扇摆在胸前，左手顺势抒到右手腕处，目视前方。

要点 总共旋转360°；扇子扫转时要走平圆。旋转动作要平缓，两脚捻转要配合重心移动。

（2）虚步云拨扇

① 身体重心平移回坐在右腿上，勾左脚尖成虚步；同时身体后仰，抬头开扇，右手云扇至面前；目随扇走。

云过 形容云在天空中飘过的意境，这里指左手架右手腕从面前掠过。

② 外摆左脚尖约60°，重心平移到左腿上，右腿随即上步，脚后跟着地成虚步；同时两臂弧线下落合抱扇于腹前，右手立扇，左掌托在右手下方；目平视前方。

> **要点** 转身云扇时，以腰带扇；头上云拨扇时，要挺胸、抬头、身体后仰，动作圆活自然。

云扇 是指云手的手法加握扇。云扇和云手一样，分为立圆云扇和平圆云扇。这里的云扇是平圆云扇。

云拨扇 是指在云扇时加有拨开之力。

圆活自然 是指身体要舒展，云扇时划弧要圆，动作连贯自然。

8. 乌龙摆尾

外摆右脚尖约60°，屈右膝身体重心前移成半蹲，双手捧扇向前，手臂撑圆；重心完全移到右腿，直立支撑，蹬左脚提左膝，同时两臂朝两侧打开与肩高，右手扇以扇首为力点向外平击，左手掌心朝上，以掌根为力点朝外侧击；目视前方。

> **要点** 做提膝时，脚要站稳，控制好重心，提膝、开臂击扇要同时，瞬间弹抖发力。力道干脆，收扇声清脆响亮。

9. 翻身打虎

（1）虚步按扇

右腿屈膝半蹲，落重心，左脚跟着地成虚步；同时两臂自然下划弧合臂，左手掌按于右小臂上；目视扇方向。

② 右脚掌向后碾转正，重心向右腿平移，左脚尖内扣转成右弓步；右后转身约360°；身体重心下沉；同时右手扇由头上方向下劈扇，握扇手虎口朝前，扇与手臂平，与胸同高；左臂往左后方弧线向上摆架于头上方，掌心朝上；目视正前方。

要点 转身翻身幅度大，开扇时要有爆发力。

（2）叉步撩扇

① 左脚尖内扣，重心平移至左腿上，朝身后撤右脚，前脚掌着地步成左叉步；同时两臂随转身掤在胸前；目视身后。

要点 转身叉步时身体要向前俯以保持平衡，两臂掤圆。

第二段

10. 神龙返首

（1）弓步合扇

右手握扇内旋，曲臂向里略向上内收，右手向下用力朝前抖腕合扇，掌心朝上。

（2）左右云手

左腿屈膝，松胯，身体左转，重心移到左腿，右脚尖内扣成左弓步；同时左手划弧下落经腹前至左胯侧，掌心朝下；右手扇向上托举至头右斜上方；目随扇走。

（3）歇步开扇

① 重心移到右腿，左腿向右斜后方约45°方向撤，落步，脚尖点地成小叉步；同时腰向右转，右手扇向左下落划弧经腹至右侧与肩同高，左臂划弧上提立掌落于右肩内侧；目视扇前方。

② 屈膝下蹲，臀部坐在左小腿上，成歇步；同时右手扇向上举，接近头顶时，迅速向左摆头、抖腕侧立开扇，扇沿朝左；目视左侧。

要点 在左右移重心转腰时身体要平稳，松腰敛臀，气沉丹田；手上云手动作连绵不断，周身动作配合协调一致。

11. 叶底采莲

（1）起身挥扇

起身成半蹲，同时迅速抖腕合扇。

（2）弓步平开扇

① 左脚向左斜前方45°出步，脚跟着地成虚步；同时右手扇弧线下落至身体右侧与胸同高，扇首略高于手；左臂横掌捌在身体左侧，与胸同高，两手外撑呈圆弧形；目视正前方。

② 身体重心向左脚平移，成左弓步，
蹬右腿，右胯内扣；同时左臂随向
左转腰继续向左侧捯掌，掌心外
撑，右手扇摆至体前平开扇，位于
胸前，手臂与扇柄成一条线；目视
前方。

要点 左右臂要撑成圆弧形，右手
开扇要又平又快。

② 右脚尖外摆，重心前移至右腿，左腿贴右腿内
侧向前上步，扣脚尖，脚跟着地，成虚步；身
体向右转60°，同时右手扇先平穿再端扇右
摆，扇离身体40～60厘米（因个人身高臂长而
异），左臂随即打开横掌外撑，与胸同高，小
指一侧朝上；目随扇走。

12. 云雁南飞

（1）行步端扇

① 重心平移到左腿，右腿朝右斜前方60°
上步，脚跟着地，成虚步；同时两臂
内合抱扇；目平视右斜前方60°方向。

③ 重心平移至左腿，身体继续右
转，右腿贴左腿内侧向前上步，
外摆脚尖，脚跟着地，成虚步；
同时右手端扇继续右摆，左臂动
作不变；目随扇走。

④ 重心平移至右脚，左腿贴右腿内侧
向前上步，扣脚尖，脚跟着地，成
虚步；同时右手端扇继续右摆，左
臂动作不变；目随扇走。

（2）虚步扫扇

重心移于左腿，身体右后转约120°，右脚
虚点地，重心下移；同时右手扇以扇沿为力点
朝右斜下方扫扇，力达扇骨，左手摆架于头左
斜上方；目随扇走。

要点 步法要流畅，身随扇走，摆扣脚清晰，
前四个方向约为60°，第五个角度约
120°。立扇转动时周身要有向外的一种
掤劲。整个动作连贯一致。

13. 昭君扑蝶

（1）转身扑扇

① 向右后方蹚转右
脚跟，身体左后转约180°，成左
弓步；同时右手将扇向上托起，
经头上方盖扇到身体前斜上方，
左手外旋，掌心朝上，落于左腰
间；目随扇走。

（2）单鞭

① 向右侧出右脚，脚跟着地，身体
右转成虚步；同时右手经胸前随
转身朝正前方立掌，左手握扇不
变；目视右手前方。

② 重心平移至左腿，收右脚至左脚踝内
侧，脚尖点地，成丁步；右手轻抛
扇，左手顺势向上接握扇，掌心朝
上，右手自然按落在左肩内侧，掌心
朝下；目视托扇。

要点 换手接握扇动作要轻盈。

② 身体重心向右腿平移，蹬左腿成右弓步；同时顺势右掌前推；目视右手前方。

> **要点** 此动作与蹬左腿、屈右膝、平移重心、推掌协调同步，一动全动，整体平缓移动，同时到位。

② 右手用虎口接握扇，掌心朝下，左手松开，弧线自然收回至左腰间，掌心向上；目视扇方向。

（3）转身扫扇

① 左脚尖外摆，屈左膝，蹬捻转右脚，身体重心平移回转，右手举在头上方，准备接扇；目视扇方向。

③ 重心移至右腿，屈右膝，向右后
方撤左脚，左脚掌蹬地，成叉
步；同时右手下落经右腰间扫扇
至身后，左手从左腰间向后上方
撩掌，撩掌架在头的左斜上方；
目视扇方向。

要点 移重心、叉步扫扇、架掌
协调同步，周身齐动，整
体匀缓移动，同时到位。

14. 转身抛接

（1）马步背扇

左脚跟回落内扣，屈左膝，坐胯，右脚捻
转内扣，成马步；同时两臂自然弧线下落，背
于身后，右手虎口侧扇骨距扇沿1/3处交于左
手，左手接握扇。目向前平视。

坐胯
这里指臀部下坐，成马步。

（2）转身叉步抛接扇

① 左脚尖外摆，蹬起右脚，扣胯转腰向左，身体重心向左腿平移，成左叉步；顺转身之势，右手松扇，左手抓扇骨从下向前上方弧线倒抛扇360°，右手自然在右腰间准备接扇；目随扇走。

要点 两手背身交换扇时，动作要干净利落。抛扇时要有些高度，接扇时要抓握精准。

② 右手掌心朝上迅速接握扇根，保持侧立扇；左手横掌自然摆按于身体左侧，掌心朝外；目视扇的前方。

15. 回首展臂

（1）顺势推扇

① 重心向前平移到左腿，提收右脚于左小腿内侧；同时两手自然下落合于腰部，松腰敛臀，气沉丹田；目视前方。

② 向前出右脚，脚跟着地成虚步；同时
　　两手臂微上掤。

③ 落脚尖，屈右膝，蹬左脚，身体重心
　　平移向前成右弓步；同时两臂掤开，
　　右手扇前推，左手横掌侧后捋；目视
　　正前方。

（2）并步撩扇

① 身体动作基本不变，右手抖腕合扇；
　　目视前方。

② 重心移至右腿，收左脚，脚尖点地，成丁步；同时左手掌从身体侧后方向前上划弧，与右手扇随身体左转时向上划弧托举，经头上方相交，左手在里，随身体重心下沉，两手下按于腰前；目顺扇斜下看。

（3）分脚开扇

① 重心平移至左脚上，左脚踩实，身体上提，左腿直立，抬右脚，屈提右膝；同时随着身体继续转正，右手扇向上抽扇在右胸前，小指一侧朝上，左手顺扇首下插；目视插掌方向。

② 向上伸右小腿，成右分腿平衡；同时身体直立，继续右后拧转；右手扇经头上朝斜后45°斜下劈扇，左臂朝头上方摆架掌，掌心朝上；回头目视开扇方向。

要点 分右脚、架左掌、摆头、下劈扇，要协调同步，发力要迅速，开扇声干净清脆。

195

16. 掩手挑帘

（1）并步前挑扇

屈左膝半蹲，右脚回收在左脚内侧；同时右手以扇柄为力点，下落贴右腿外侧向体前上挑扇；目视扇的前方。

17. 乌龙倒卷

（1）弓步捧刺扇

① 屈右膝，向前出左脚，脚跟点地成虚步；同时两臂经身体两侧落抱扇于腰间；右手扇沿朝前微上翘，左手捧在右手背下，两手掌心朝上；目随扇走。

（2）独立架推

右脚落，提左脚，重心平移互换；重心移在右腿，蹬右腿，起身成独立步，左腿屈膝提起；同时右手扇继续上撩立扇举于头上方，右手以扇柄为力点微后掤，扇沿朝前，左手掌顺着右臂立掌于右肩内侧，随着手臂后掤以掌根为力点向前推掌；目视左掌正前方。

要点 重心交换平稳，提膝上挑扇时，左腿膝关节要尽量向上提，左脚踝微内扣并放松，顶头、松胯、小腹放松使气沉丹田，右腿支撑要稳。

196

② 蹬右脚，屈左膝，重心向前平移成左弓步；两手同时将扇由腹前上捧扇刺出；目视前方。

（2）合扇撩击

① 蹬左脚，屈右膝，腰向右转，身体重心平移回坐成虚步；同时左手虎口助力将扇快速合起，摆双手一起向右后横掌捋，掌心朝右与肩同高；目视双手前方。

② 外摆左脚尖约60°，蹬右腿，屈左膝，身体重心移到左腿，向前出右脚，脚跟着地成虚步；腰先右转，双手继续右后弧线向下再向前摆掌；右臂外旋将扇弧线向前撩击，左臂内旋，经腹前向左侧横掌捌出，后合于右臂内侧；目随撩扇。

> **捌出**
>
> 可理解为外撑推出。

> **太极八种劲法**
>
> 掤、捋、挤、按、采、捌、肘、靠。捌，指撇捌之力。

③ 蹬左脚，屈右膝，平移重心成右弓
　步；同时左手立掌合于右肘内侧，
　右手前撩扇与肩同高；目视前方。

（3）弓步开扇

① 外摆右脚尖约60°，蹬左脚，扣胯向
　里，身体重心继续移向右腿，成叉
　步；同时右手内旋架扇于右额头斜前
　方，左手不离右肘；目视前方。

② 出左脚向前，脚跟
　着地成虚步；同时
　右手扇向后划弧架
　扇，左手向下向前
　弧线按掌；目视正
　前方。

③ 外摆左脚尖约60°，身体重心平移向前
右腿向前落步成右弓步；同时右臂外旋
将扇弧线向前撩击开扇，左掌外旋合于
右肘内侧；目视前方。

要点 整组动作完成要轻柔、圆活、连
贯。抖腕开扇迅速。

18. 叉步撩击

（1）翻身劈扇

① 身体动作不变，迅速抖右手腕向前
合扇；目视前方。

② 摆左脚尖，左膝外撑，蹬右腿，向左
转腰，身体平移回坐重心，勾右脚尖
扣右脚，身体左后转约180°，成左弓
步；同时左臂随转身划弧线向上架掌
收于左腰间，掌心朝上；右手外旋上
撩扇，经头上方朝前下劈扇，目视劈
扇方向。

（2）叉步后撩扇

重心后移至右腿，左腿后撤一步，前脚掌点地，成右叉步；同时右手扇向身后反撩，并迅速抖腕开扇，掌心朝上，左臂随即架于头左斜上方，掌心朝外；目视开扇方向。

要点 身体重心保持平稳，反开扇时扇柄要一条线，立在右小臂上方。

第三段

19. 振臂看花

蹬收左腿成直立并步；同时左手内旋立掌合于右肩内侧，右手扇经体前弧线向上撩举于头顶，在快到头顶时迅速抖腕收扇，然后迅速向左侧倒扇，扇首朝左前；同时摆头向左，目平视左侧。

要点 起身并步轻盈，合扇迅速，且干净利落。身体自然直立。

20. 随风摆柳

开合步捋手

① 身体右转约45°，敛臀松胯重心下落，屈右膝，向左侧出左脚成侧弓步；同时两臂下落于右肩前方，双手立掌，与肩同宽；目视双手前方。

要点 身体缓落，沉肩坠肘。

② 屈左膝，蹬右腿，身体重心平移向左，成马步；同时两手下捋经腹前手指摆向左侧；目平视前方。

③ 身体重心完全平移在左腿，收右脚，与左脚内侧相距约10厘米；两手继续划弧线向上捋，左手手指与扇首指向左；目平视两手前。

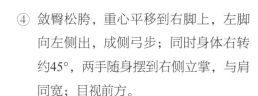

④ 敛臀松胯，重心平移到右脚上，左脚向左侧出，成侧弓步；同时身体右转约45°，两手随身摆到右侧立掌，与肩同宽；目视前方。

要点 随风摆柳主要体现开合步，即弓步为开，并步为合；步法轻盈，开合转换虚实分明。上体以腰带臂，左右转腰云手与步法开合和谐。运行的过程中身体保持平稳，手眼相随。

21. 迎风掸尘

① 弓步下截扇。身体重心经马步平移至左腿，成左弓步，蹬起右脚跟，上身微前倾；同时身体随转腰转向左斜前方，两臂下捋经腹前，左手横掌向左捌出，与肩同高，右手向斜下截（约45°）；目视前方。

② 提膝开扇。身体重心继续移到左腿，身体转向左斜前方约45°，蹬起左腿直立，右腿随之屈膝提起于腹前，成独立步；同时右手继续摆扇向身体的前方，右手向内平开扇于右膝上方，左臂架掌于身体左侧斜后上方，上体微前俯；目视开扇前方。

> **要点** 独立步要稳，右侧膝肘相对，身体撑圆，后背平直微前俯身，尾闾微向内卷收，小腹放松，百会穴上顶，抖腕开扇发力迅速。

22. 推波助澜

① 虚步搭腕。左腿屈膝，重心下移，右脚下落，脚跟着地成左虚步；同时左掌合于右臂内侧；目视手斜前下方。

② 弓步合挤。重心前移，右腿成右弓步；同时两臂斜向下方约45°继续合挤，两臂撑圆；目顺扇前视。

> **要点** 由高向低进行动作过渡时，首先支撑腿要屈膝，重心平稳慢落，内劲不断。

203

23. 转身击扇

① 转身端扇。身
体重心保持不
变，提收左脚向右脚前方上步，
脚跟着地成虚步，勾脚尖内扣，
腰微右转，右脚掌微微外捻转，
两手动作不变；目随扇走。

24. 舞袖翻花

① 左虚步下将。重心平移后
坐成虚步；同时两臂下将
至腹前；目视随扇走。经
腰时摆掌转指向左侧后
方；目随手走。

② 转身弓步击扇。身体继续向右后转身，两
脚同时捻转，站稳成右弓步；同时右手迅
速合扇击向身体斜上方，与头同高，左手
合于右小臂内侧；目视击扇方向。

要点 动作连贯；转身、转脚和合扇要干
净利落，动作平稳。

② 撤步前摆。右腿后撤一步成叉步；同时两臂向上划弧托举于头上方；目视左手方向。

③ 右下挒。重心平移后坐，成虚步；同时腰向右转，两臂下挒经腹前，掌心向下，臂随身走；目随手挒。

要点 动作平稳、连贯。两臂划弧轨迹走立圈，幅度要大，动作柔和、圆活、自然。

25. 插花盖顶

重心移到右腿，提左膝，蹬起右腿，直立成独立步；同时身体左转，左手握拳以肘关节为轴反臂向体前搬击，力点在拳背，身体微前倾，右手持扇位置不变，扇首朝前；目视击拳方向。

要点 提膝搬拳时要先立身站稳，右腿蹬直，右脚尖外摆约45°；上体随击拳微前倾下压，下腭微收，头上领，气沉丹田。

26. 金瓶倒水

（1）跂步开甘

① 屈右膝，重心下沉，后撤左脚，前脚掌点地；同时左拳边下落边变掌回收至左腰间，右手外旋，两手掌心均向上，经腰间向后展；目视前方。

② 左脚跟内扣落下，重心直接移到左腿成虚步；同时两臂从后向上托举至头后，准备做开扇的动作；目视正前方。

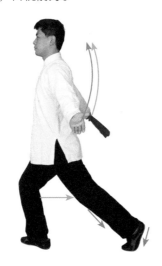

（2）提膝劈扇

蹬起左腿，屈右膝上提成独立步；同时右手扇从头上向前迅速下劈开扇，扇柄与右臂持平，扇沿朝下，左臂内旋合在右臂内侧；目视开扇方向。

要点 蹬左腿、提右膝、劈扇、合臂要同时完成。独立提膝动作要稳。

27. 回身看花

① 屈左膝，右腿后撤步，重心下移成左
弓步，左手前推，右手臂提扇上掤；
目视前方。

② 外摆右脚掌，左脚蹬脚，脚尖内扣，
使身体右后转180°，重心平移到右腿
成右弓步；同时右手扇随转身向后合
击，左掌架于头上方；目随扇走。

要点 转身时重心下沉，依靠扣脚转
身，合击扇同时完成，合击扇
时手腕动作要干净利落，身体
控制要稳。

第四段

28. 霸王举鼎

（1）左右云手

① 左腿向左斜后方约135°方向外摆脚，扣右脚，重心移到左腿，成左弓步；同时腰向左转，右手扇经脸前向左斜前方云手，左臂向下划弧经腹前到左腰间；目视右手前方。

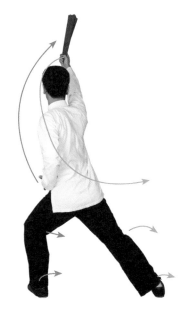

② 屈右膝，蹬左脚，重心移到右腿，成右弓步；同时腰向右转，右手扇向下划弧经腹前至右腰间，左手向上划弧经脸前；目视揽手方向。

③ 重心继续移到右腿成马步；同时右手扇划弧位于腹前，左掌上移，揽于脸前；目视揽手方向。同时右手扇向上举，接近头顶时，迅速向左摆头、抖腕侧立开扇，扇沿朝左；目视扇沿方向。

（2）并步开扇

蹬左脚并于右脚内侧，身体随即直立成并步；同时右臂朝外打开随即向头上方迅速抖腕直臂开扇，举于头上方，扇沿朝左；左手立掌合于右肩内侧，开扇时摆头向左；目平视左侧。

要点 动作要连贯，左右云手是为并步开扇蓄劲，开扇迅速有力，扇声清脆响亮。这组动作类似前面讲到的神龙返首，只是最后的定势动作一个是歇步，一个是并步，两动可互相参考。

29. 神扇穿雾

（1）转身穿扇

屈右膝，向左侧出左脚，脚跟点地，左脚脚尖朝左，重心下移，成虚步；同时身体向左微转，屈右肘，下落扇，由头上至右耳侧，左掌向左按掌推出；目视左手前方。

（2）弓步穿扇

外摆左脚掌约45°，蹬右腿，身体继续前移，成叉步；同时右手扇面放平，以扇沿为力点继续向前平穿左手，左掌合在右臂内侧；目平视穿扇方向。

要点 重心平稳，身体前倾探刺扇。

② 重心移于右腿，左脚收并于右脚内侧，身体立直成并步；同时两臂左右平开，掌心朝上，右手握扇随转身快速合扇，摆头向右；目视合击扇的方向。

要点 并步时腰向击扇的方向略带拧劲。随着击扇动作的进行，身体自然略向前微倾。

30. 四维雄风

（1）并步合扇

① 移重心到左腿，向前出右脚成侧弓步；同时腰向左后转，右手扇外旋，向左斜下方切扇，扇面与手臂成一个平面，掩左手在右大臂处；目视扇前方。

（2）盖步合掌

屈膝半蹲，重心下移，出左脚盖步于右脚斜前方约45°；两臂合于胸前，左手立掌，掌心合于右手腕内侧；目视右前方。

盖步 指上步时将脚跨落在另一脚斜前方或侧方。

② 开击扇后迅速抓握。

要点 反手抖腕开扇和反手抓握干净利落，开扇与收扇扇声清脆。开扇时扇要走平面。

（3）反手抖腕侧击扇

① 盖步重心平移到两脚之间；同时向前快速反手开扇，左手横掌向后撑，掌心朝外；目视开扇方向。

31. 仆步端扇

（1）上步转身挂扇

左脚向前上一步，脚跟着地，脚尖内扣，成左弓步；同时腰向左转，右手以扇首为力点向下挂扇，左掌外旋内合于右大臂上方；目随扇走。

（2）提膝挑掌

屈右膝，蹬左脚，身体重心平移后坐，蹬右腿成直立；左腿屈膝提起成独立步；同时右手扇经头上向后提，再向下按于右胯侧，左臂外旋由下划弧向前挑掌，以手指为力点，食指与鼻尖成一线；目视挑掌前方。

（3）仆步开扇

屈右膝，左脚向左侧仆地，重心下落，右腿全蹲，左脚以脚外侧为力点，与地面仆平，成仆步，上身立直；同时右手扇朝前斜下送，并迅速撩开扇，与地面平，左手立掌合在右小臂内侧；目平视左脚前方。

要点 由提膝到仆步跨度较大，右支撑腿屈膝下蹲，同时气沉丹田；左腿由内朝外全脚着地横脚仆地铲出。

32. 白鹤亮翅

（1）侧弓步开臂

屈右膝，蹬左腿，身体上提，移重心到左腿，成侧弓步；同时以扇柄为力点朝身体的两侧同时开臂上掤，左手横掌，右手掌心朝下；目平视。

（2）高叉步展臂

① 身体继续立起，左腿朝右脚斜后方上步，成高叉步；同时两掌背朝上，从身体两侧向上合臂于头上方，掌背相对；目随扇走。

要点 旋转扇尽量要平，两臂动作舒缓柔和。

② 在头上方左手搭右手腕，右手将扇头顺
　时针平托旋转一圈；目随扇走。

要点 旋转扇尽量要平，两臂动作舒缓
柔和。

（3）歇步抱扇

两腿屈膝下落半蹲成歇步；同时两
臂下落抱扇于胸前；右手掌心朝上，左
手附在右小臂内侧；目视前方。

（4）高叉步展臂

身体继续立起，左腿朝右脚斜后方上步，成高叉步；同时两掌背朝上，从身体两侧向上合臂于头上方，掌背相对；目随扇走。

（5）歇步抱扇

两腿屈膝下落半蹲成歇步；同时两臂下落抱扇于胸前；右手掌心朝上，左手附在右小臂内侧；目视抱扇前方。

要点 这组动作，吸气向上，身体要向上挺拔开展，呼气向下，气沉丹田。扇在头上方顺时针旋腕平转，右手外旋下落扇于胸前。整个白鹤亮翅动作要做两遍。

33. 风扫秋叶

（1）上步平端扇

　　起身，左腿经右腿内侧向前上步，左脚跟点地，成高虚步；同时右手扇内旋直接平托于右胸前，左手横掌向左捋开，两臂与身撑成圆弧形；目视扇前方。

要点 上步为八卦步的扣步，注意重心落在后腿。

（2）上步翻立扇转身

① 重心平移至左腿，右腿经左腿内侧弧形向右摆步，右脚跟点地脚尖外摆，成左高虚步；身体随之继续右转约90°；同时以右手扇内旋翻转成反手立扇，小指一侧朝上，左臂外撑不变；目随扇走。

② 重心平移至右腿，左腿继续
贴右腿内侧弧形上步；随之
身体继续右转约180°；同时
右手立扇，随转身动作朝身
体外侧反臂拨扇，左臂外撑
不变；目随扇走。

要点 重心落在两脚之间。

（3）高虚步背扇

蹬起右脚跟，重心向左脚平移，左
脚捻转内扣，身体转正，以左脚支撑，
再出右脚向前，脚尖点地，成高虚步；
同时右手扇继续后拨，背在身后；左臂
外旋，立掌摆按在右胸前，掌心朝外；
目视左前方。

要点 这组为八卦步法，行走时两腿的
大腿相贴，摆扣步要走圆弧，扇
领身随，拨扇转身动作要平稳，
身体与扇合为一体。

34. 大地春色

（1）弓步穿扇

身体前倾左转重心下移，右脚撤步成左弓步；同时右手向胸前斜下方端扇，左臂合在右臂内侧；目视扇前方。

（2）并步合击扇

身体右转，同时左脚并于右脚内侧，上身略向右拧转，两臂左右打开与肩同高，右手持扇随即将扇迅速合击，左臂掌心朝上；目视合击扇方向。

35. 彩蝶翻飞

（1）盖步开扇

① 出左脚向右脚的右斜前方上步，脚尖外摆，右脚跟蹬起，重心前移，成盖步；同时两手往上托起，向内划弧架掌于胸前，左手立掌按于右手腕内；目视架掌前方。

② 重心下沉，屈膝半蹲成歇步；同时两手经体前下按，右手扇朝斜下前方迅速开扇，左臂横掌外摆；目视开扇前方。

要点 开扇干净利落，扇沿朝下，扇面要与手臂垂直。

（2）开扇抛接

① 身体姿势不变，右手虎口一侧的扇柄从里向外顺时针向上抛出；目视抛扇上方。

② 身体姿势不变，当扇旋转一周下落时，右手迅速内旋反臂接握扇；目随扇走。

③ 身体姿势不变，右手接扇后外旋抖腕合扇；目视扇前方。

（3）合扇抛接

身体姿势不变，右手将扇向上倒抛起，将扇掉个方向；右手抓握扇首；目随扇走。

要点 抛扇与接扇的声音节奏要连贯一致，接握时要稳准。反复练习，熟能生巧。

36. 收势

（1）上步展臂

身体重心平移到左腿，右腿右侧方上步成虚步；扇首接握于右手后，左臂外旋，掌心朝上，成托掌；目视握扇方向。

（2）两臂上举

屈右膝，蹬左脚，重心平移到右腿，成右侧弓步；同时两臂继续朝上举，微抬头上看。

（3）合步收掌

身体重心移至右腿，收左脚成并步；同时两臂以肘为轴内旋下落于胸前，掌心向下；两眼平视前方。

（4）并步站立

蹬腿起身，身体成自然直立；同时两手继续按落至腹部，然后两手外旋放松于两胯侧，下颌微收，头顶正，整个身体自然放松；目视前方。

要点 收势状态主要是心静体松，使气血贯通于周身。其他要点与起势动作要点基本一致。